日本人の7割が知らない
世界のミカタ

佐藤優×古谷経衡

時事通信社

はじめに

佐藤優

■

古谷経衡氏（1982年11月10日生まれ）は、私が尊敬し、期待する気鋭の作家である。古谷氏は、評論、小説、ノンフィクション、エッセイなど多方面でその才能を発揮している。また、テレビ、ラジオでもコメンテーターをつとめている。

私が古谷氏の才能に打たれたのは、同氏の小説『愛国奴』（駒草出版、2018年。19年に『愛国商売』と改題され、小学館文庫に収録）を読んだときだ。古谷氏の自伝的な小説であるが、ネット右翼やそれに近い右派にいた主人公が、そこから脱出していく過程が見事に描かれている。文化人類学や社会人類学で用いられる参与観察の方法（調査対象である社会や集団に調査する者が加わり、生活をともにしながら観察し、データを収集する方法）を古谷氏は身に付けている。さらにユーモアを交え、ビジネス右翼の滑稽さと危険さを描いている。この作品を通じて、古谷氏は、表現と行動が一致している人間を好むということがわかった。この点は、私も同じである。

古谷氏と何度か会い、意見交換を続けるうちに、こういう人に私は自分が前の世代から継承したバトンを引き継ぎたいと真剣に考えるようになった。そして、その作業に２０２０年から着手するようになった。ここには私の個人的事情が関係している。

当時吹き荒れていた鈴木宗男疑惑の嵐に巻き込まれ、02年5月14日、私は当時勤務していた外務省外交史料館（東京都港区麻布台、ロシア大使館の向かい）で東京地方検察庁特別捜査部によって逮捕された。そして、東京拘置所の独房に５１２日間勾留された。拘置所での血液検査と尿検査で、腎機能が弱っていることが明らかになった。そのおかげで、特捜部に逮捕された被疑者は連日10時間以上の取り調べを受けるのであるが、私の場合は3時間程度で済んだ。保釈されてからしばらくは放置していたのであるが、08年にインフルエンザに罹《かか》り、ＪＲ中央線西国分寺駅そばのクリニックで血液検査と尿検査を受けたところ「慢性腎臓病（ＣＫＤ）の疑いがある。専門医に診てもらう必要がある」と言われ、東京女子医科大学病院の腎臓内科を紹介された。入院し、検査したところ、腎機能が5割を切っており、しかも比較的早いペースで腎臓が壊れているので、投薬と食事療法によってＣＫＤの進行を抑える必要があると言われた。しばらく数値は横ばいだったが、19年秋に腎機能が突然10％台に落ちた。医師からは「状況によっては、1年程度で透析に移行する可能性がある。透析に移行した場合、統計的に余命が約半分になる」と告知された。そのときに私のバトンを継承する作業を急がなくてはならないと思い、時事通信社の坂本建一郎氏に相談し、古谷氏との対談が実現した。その後、コロナ禍、さらに22年1月についに私の腎機能が3％を切り、痙攣、吐き気など尿毒症の症状が出るようになったので、血液透析に移行するようになった。透析導入時に医師からは余命は8年程度になることも覚悟しておいた方がいいと告知された。週3回、1回4時間の透析は辛かった。特に透析後は低血圧になり、数時間、起き上がれないこともよくあった。新聞と週刊誌の連載をこなすだけで手一杯で、なかなか古谷氏との共同作品を完成させることができなかった。

23年6月に私は東京女子医大で生体腎移植（ドナーは妻）の手術を受けた。幸い手術は成功した。手術後1年が経過した現時点で、拒絶反応は起きていない。余命はかなり延びた。私はプロテスタントのキリスト教徒なので、私の命は神が所有していて、私は預かっているに過ぎないと考えている。今回、腎移植手術に成功して余命が延びたのも、神が私にこの世でする仕事が残っていると考えたからと受け止めている。そこで、まずやらなくてはならない仕事が私の経験と考えを古谷氏に伝えた本を作ることだと思った。

本書には、政治、外交、経済、教育、家族、宗教、差別問題などに関する私の考えを、荒削りの部分を含め率直に記している。

4年間にわたる長期の対談に応じてくださった古谷経衡氏、編集の労をとってくださった時事通信社の坂本建一郎氏、高見玲子氏に深く感謝申し上げます。

2024年7月19日、曙橋（東京都新宿区）の自宅にて、

佐藤優

編集に当たって

⑴本書は２０２０年９月から２０２４年６月にわたって行われた対談に、著者が最終調整を加えたものです。

⑵本書で登場する書籍には複数の版が存在する場合がありますが、入手しやすさを考慮して最新版（文庫版等）の情報を掲載していることがあります。

（編集部）

目次

プロローグ

～シンクロする二人の人生～

佐藤　私の世代で早めに結婚して子どもが生まれたりすると、それがおそらく古谷さんと同じ世代ですよね。

古谷　私が1982年（昭和57年）生まれ、佐藤先生が1960年（昭和35年）生まれ。私の父親が1947年（昭和22年）生まれですが、私が割と遅めの子ども（30代後半で第一子）だったので、私の年頃のお子さんがいても何らおかしくはありませんね。

佐藤　ということになると、本書は「親子対談」の性格も帯びていますね。

古谷　ぜひ勉強させていただきます。実は佐藤先生とは、共通するところも感じているのです。私は北海道の札幌で生まれ育って、先生は外交官として北方領土問題に尽力していらした。

佐藤　現役の頃、北方領土問題は最もエネルギーを注いだ仕事でした。道内の各地域にも多少土地勘があります。

古谷　それから、先生は同志社大学神学部卒で現在も同学で教えていらっしゃる。私は2001年に立命館大学文学部に入学して、7年在学して卒業しました。その経緯は後ほどお話しするとして、学生時代を京都で過ごしたという接点もあります。

佐藤　世代で違っている部分があるのか、同じなのか興味深いですね。2001年というと、こっちは、田中眞紀子さんに締め上げられていました（笑）。

古谷　（笑）。当時は小渕総理が急逝して森喜朗内閣が誕生し、組閣経緯から「密室内閣」と呼ばれ、重ねて失言などで不人気だった同内閣が総辞職して、橋本龍太郎と争った小泉純一郎が総裁選で「小泉旋風」を巻き起こし首相になったばかりの時代でしたね。すごい重なり方です。

佐藤 9・11の米同時多発テロが起こった日は、何をしていましたか。

古谷 その日のことは今でも鮮明に記憶しています。私はちょうど普通自動車免許を取るために札幌の実家に帰っていました。住民票を移していなかったので、免許を取るために地元の教習所に通う必要があったのです。

当時私の実家はケーブルテレビを導入してCNN（CNN日本語版）が観られましたが、WTC（世界貿易センター）への突入の映像を執拗《しつよう》に流していました。日本時間で夜だったことを覚えています。私はテレビにかじり付いて、ずっとそのニュースを観ていました。1機目のアメリカン航空がWTCに突っ込んだ後すぐにテレビをつけたので、2機目がWTCに突っ込むところはリアルで観ていました。体が震えました。2000年10月に、イエメンで米駆逐艦コール爆破事件がありましたでしょう。その記憶があったので、漠然とイスラーム系の過激派による異常なテロが起こったのだと直感しましたが、どうしたらよいのか分かりませんでした。一般の視聴者にすぎないので、とにかく情報がありませんでした。

佐藤 私は外務省で、夜もずっとNHKのニュースをつけているので、自分のデスクから見ていたら、突然、ツインタワーの映像になって、当時、NHKワシントン支局長の手嶋龍一さんが出てきた。

実はね、9・11は「青天の霹靂《へきれき》」ではなかったんです。あれはね、2週間前くらいからすごい緊張がありました。その前の4月くらいから、複数国の情報機関から、近未来に今までにない方法でのテロがアメリカの同盟国で起きる可能性があるという話が外務省国際情報局に入ってました。われわれは当時、日本の米軍基地が攻撃される可能性があると考えていた。8月の終わりに、近日中に何かが起きる、だからあらゆる情報を提供してほしいという照会が複数国から来ていたんです。

当時、誰も、それがアメリカ本国で起きるとは考えていなかった。海外の米軍駐屯基地でアルカイダ系がやるということまではつかんでいた。で、起きた瞬間に外務省詰めの記者たちが私のところへ来るわけですよ。当時、皆がイスラームのテロだと言っていたんだけど、私の部局は「決め打ちはやめた方がいい」と話していました。どうしてかというと、オクラホマシティの連邦政府ビルの爆破も標的だから過激派集団の可能性もある。その線を消しておく必要があると私は考えました。DFLP（パレスチナ解放民主戦線）という組織が犯行声明を出したという情報もあって、日本の報道は一時期それで全部そちらに流されたんだよね。

古谷 当時を思い出すと日本のメディアでは初動で「事故説」もありましたよね。ペンタゴンまで狙われているのにそんな偶然はあり得ないわけですが、おっしゃる通り「決め打ちはよくない」という理由で。私はすぐに前年の駆逐艦爆破と結び付けてしまいましたが、そういった精査があったのですね。オクラホマ連邦庁舎爆破事件は1995年で、私はちょうど小学校を卒業して中学1年生になったばかりでした。今でこそ連邦議会議事堂占拠事件（2021年）など白人至上主義者やオルタナ右翼の跋扈《ばっこ》を思い浮かべますが、当時は事情に疎く、そういった思慮はなかったです。

佐藤　それで、私はすぐにイスラエルと連絡を取って、どう思うか尋ねたら「佐藤さん、DFLPは意思はあるが能力がない」という返事だった。それから白人至上主義者の可能性がないと消されたところで、アルカイダの方を詰めていった。

古谷　なるほど。

佐藤　それで、その2日前だったかなあ。アフガニスタン北部でマスードという指導者がタリバンによって殺されたという事件があった。その情報を日本が一番早くつかんでいたんです。後にアフガニスタン大使も歴任することになる高橋博史さんという、マスードとも知己で、タリバンともネットワークを持っている人がつかんでいた。

だからとても悔しかった。9・11の事件の時に意外性を感じられなかったんだけど、ここまで情報をつかんでいたのに、絞り切れなかったこと、それが悔しいですね。

古谷　私たち一般視聴者にしてみれば、それがアルカイダであるという固有名詞は知りませんでしたが、何かしらのイスラーム過激派がやったことだというのは直感的に合点がいくとしても、それ以上に衝撃だったのは航空機の炸裂方法です。テレビ画面に映されるものが信じられなかったですよ。航空機って、あんなふうにビルや建物に吸い込まれていくもんなんだな、という感想が最初に浮かびました。ジェット燃料を満載した航空機が実体のコンクリ・ビルに衝突するという発想自体、トム・クランシーが『日米開戦』（新潮文庫、1995年）で披瀝《ひれき》してましたけど、あくまで空想の小説の話で映像で見たことはない。航空機ってあんなふうに爆発するんだなと。不謹慎ですが高速で物体に衝突する航空機はまず両方の主翼がもぎ取られて落下すると思っていましたが、そうではありませんでした。全部「きれいに」吸い込まれる。他人事のように、その映像が衝撃でした。いまだに脳裏に焼き付いて忘れられません。

佐藤　事件発生後、数時間以内に、オサマ・ビンラディンだということは情報関係者の間では確定されていた。あの時、米国の関係者はかなり頭に血が上っていて、あいつはアフガニスタンにいると。そこでわれわれにも仕事が来た。アフガニスタンとタジキスタンにまたがる地域に「タジク人」がいる。タジキスタンで米軍を展開したい。ところが、米国とタジキスタンにはルートがない。タジキスタンは自力で国境を守れないのでロシア軍がいて、そこに入るにはモスクワの了承がいる。そこで、鈴木宗男さんを特使で派遣した。鈴木さんは以前から、エモマリ・ラフモン大統領（タジキスタン）と親交があったので、ロシアとウズベキスタンとタジキスタンに行って、協力を要請した。当時、そういうことを一生懸命やっていました。

でも、自動車教習所で免許を取るということと、タジキスタンの大統領を説得するというのは、それぞれの人の価値としては等価ですからね。

古谷　いやいや、車の免許の方がはるかに簡単ですから、等価ではないです（笑）。

さてこういった形で、政治、外交、歴史、軍事、社会、経済、教育、それにカルチャーの話題など、森羅万象あらゆること、というのは大げさですが、お話しさせていただこうと思っております。

何分浅学非才な私ゆえに、聴く一方にならないよう頑張ります。と同時に、私の側こそが読者に近い感覚だと思いますから、読者の少なくない部分は私の側に立って先生と対話しているという感覚にもなりましょう。どうぞよろしくお願いいたします。実りある対談になれば幸いです。

■

1

歴史から読み解く日本と世界の今

■北方領土問題は解決するのか

■ 北方領土問題を考えるなら必須の知識

古谷　私の対ロ感情の原点は、ソ連時代末期の「コンスタンチン君事件」[1-1]の記憶にありました。本当に彼がかわいそうでこれは助けるしかないだろうということで、ロシアは子どものやけどの治療も本国で満足にできないのかという憐《あわ》れむべき隣人でした。実際、超法規的措置で札幌医科大学で治療をした上でサハリンに帰って行ったわけですけれども、当時の北海道新聞を含む地元メディアも人道的支援を強調していまして、これは全く共感するところです。この経験からすると、対ロ感情は良い世代だと思います。それから、北方領土[1-2]については、**札幌圏と道東の圏域で認識が違っていて、**私は個人的には日ソ共同宣言[1-3]（1956年）に基づく2島で決着するのが妥当と思っています。

佐藤　道東では、根室に行くとやっぱり2島返還論にくみする人が多くなりますね。

古谷　そうでしょうね。

佐藤　実際生活圏の問題もあるし。それから、歯舞・色丹から引き揚げてきた人たちが多いからです。ただ、これは、私も現役の時は4島返還で本気で頑張っていたんだけども、国際法的にもともと無理のある話なんです。

図1　北方領土（外務省サイトより）

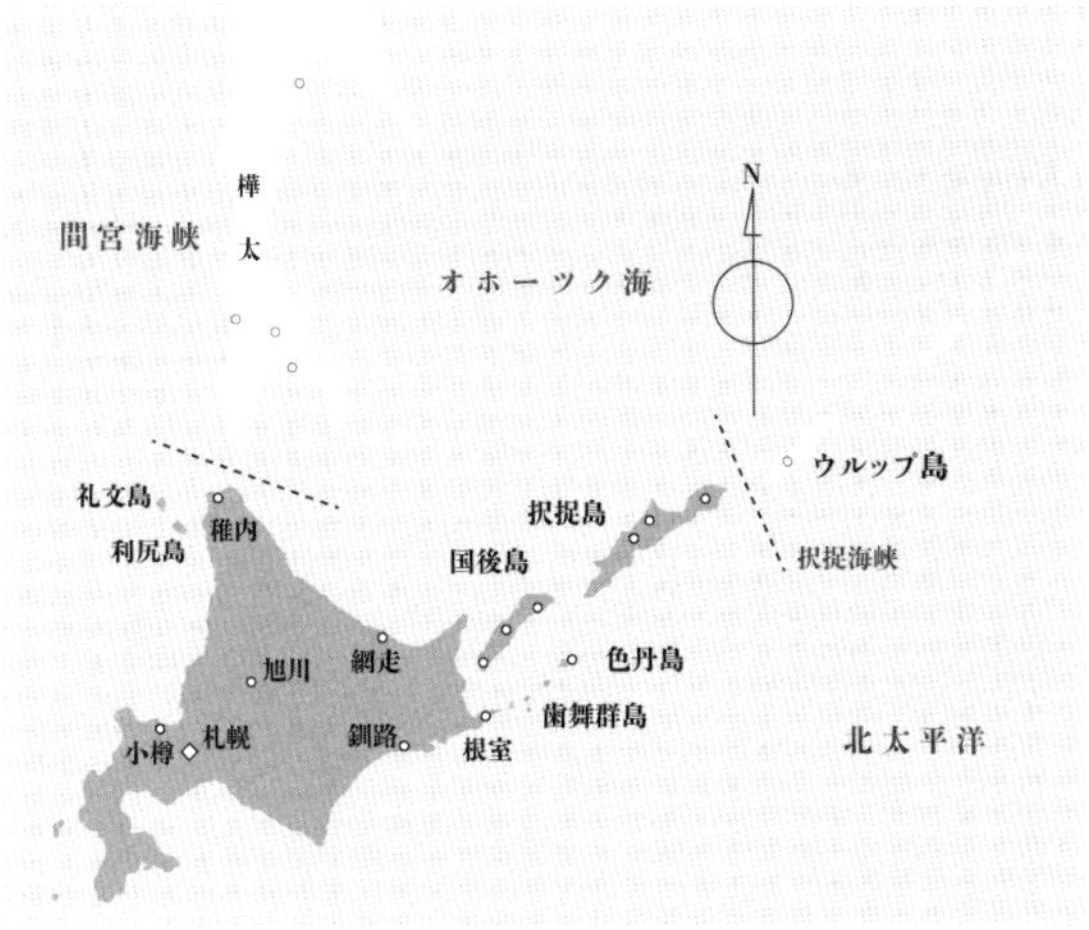

外務省サイト（https://www.mofa.go.jp/mofaj/area/hoppo/hoppo.html）より作成

古谷　ええ。[1—4]サンフランシスコ平和条約（以下、サ条約）で全千島放棄を明記していて日本国はそれを承諾して調印していますからね。そ

1—1　1990年8月、全身に大やけどを負ったソ連のコンスタンチン君（当時3歳）が海上保安庁の輸送機によってサハリンから札幌へ緊急搬送された。札幌医科大学で手術を行い一命を取り留めた。東西冷戦末期、日ソ国境を越えた救出劇。

1—2　日本の基本的立場：北方領土は、ロシアによる不法占拠が続いていますが、日本固有の領土であり、この点については例えば米国政府も一貫して日本の立場を支持しています。政府は、北方四島の帰属の問題を解決して平和条約を締結するという基本的方針に基づいて、ロシア政府との間で強い意思をもって交渉を行ってきています（外務省サイト：https://www.mofa.go.jp/mofaj/area/hoppo/hoppo.html）。

1—3　1956年10月19日に鳩山一郎首相とブルガーニン首相の間で署名された「日本国とソヴィエト社会主義共和国連邦との共同宣言」。12月12日批准書が交換されて発効した。領土問題については意見の一致を見ず、国交樹立後に平和条約締結交渉を継続することとし、平和条約締結後に、歯舞群島と色丹島が日本に引き渡されると記された。

もそも国後・択捉は戦前すでに南千島と普遍的に認識されており、サ条約で放棄した全千島の中に厳然と含まれますよね。ヤルタ密約[1-5]（ヤルタ協定）やソ連の非調印があるにせよ、今さら「放棄した千島の中に国後・択捉は含まれていない」と言っても無理がありますね？

佐藤　その通りです。ただ、難しいのは国民感情があるから、国後と択捉も歴史的、道義的に要求する権利はあると。

古谷　近代以前の、間宮林蔵の北方探検や「大日本恵登呂府（択捉）」の表示があるので、それはそうですね。

佐藤　ロシアが4島を交渉の対象とするよと言っている限りにおいては、こちらは別に降りなくてもよかった。それで、今思えば、一番日ロが接近したのは森喜朗さんの時なんですよ。エリツィンの時は4島に対する日本の潜在主権をロシアに認めさせるというアプローチだったのですけど、あの**川奈提案**[1-6]をロシアが受け入れたとしても、島の実態的な動きがない。森さんの時は歯舞群島、色丹島を返す。それから、国後・択捉をどうするかということを同時並行協議するということだから、あれだったらリアルに島が動いた。それで、あの時は色丹島に集中的に投資をすれば、国後・択捉の人たちも日本に引き渡した方がいいと現地のロシア人が思うというような環境があった。

古谷　繰り返しになるかもしれませんが、サ条約をそのまま解釈すると、戦前すでに国後・

択捉を南千島である、と日本自体がさまざまな地図や公文書の中で書いているので、サ条約でこの2島を放棄するのは道理ということで合っていますでしょうか。

佐藤 その通りです。ただ、そこでの日本政府がつけた理屈というのは、比喩的に言うと、AさんBさんと約束する文書の中で、私はここを放棄しますと言った。でも、Cさんはその文書にサインしていない。そうしたらCさんがこの権利を主張した時に、こちらはCさんに対して放棄したものじゃないからと言えるかということなんです。Cさんに対しては放棄していないから日本によこせと言っているわけで、これが常識で通るかということですよね。

古谷 サ条約へのソ連未調印における「帰属未定地」ですね。ちょっと難しいですよね。

1―4 1951年9月8日、サンフランシスコで調印された条約。翌52年4月28日に発効。日本は独立を回復。第2条C項で「日本国は、千島列島並びに日本国が1905年9月5日のポーツマス条約の結果として主権を獲得した樺太の一部及びこれに近接する諸島に対するすべての権利、権原及び請求権を放棄する」と規定。

1―5 1945年2月に米・英・ソの間で結ばれたソ連の対日参戦に関する秘密協定。南樺太（南サハリン）・千島列島のソ連帰属などを決めたもので、日ソ中立条約の有効期間中の協定だった。46年2月に公表された。

1―6 1998年4月、静岡県伊東市の川奈ホテルで行われた橋本龍太郎首相とエリツィン大統領による会談で、橋本首相が、択捉島とウルップ島の間に国境線を引き、当面はロシア施政権を認める「川奈提案」を示した。この提案はロシア国内の理解を得られず、同年11月に拒否された。会談は、「平和条約が東京宣言第2項に基づき四島の帰属の問題を解決することを内容とし、21世紀に向けての日露の友好協力に関する原則等を盛り込むものとなるべきこと」で一致した。東京宣言とは93年10月にエリツィン大統領と細川護熙首相との会談の結果署名された「日露関係に関する東京宣言」のこと。

佐藤　**常識で通らないことは大体外交でも通らない**んです。でも、その時、何で無理筋の議論を日本の政治家や、外務省のわれわれの先輩たちがやったのかというと、当時、まだ沖縄が返ってきていなかった。仮に歯舞群島・色丹島が返ってくれれば日本の漁業にとっては大きな利益が見込まれる。そうすると、日本の国民世論が、アメリカよりソ連がいい国だということになりかねない。当時は、外務省としても日本政府としても、共産主義革命を阻止することが至上命題だったから、ソ連が絶対にのめないような要求を突き付けることが、東西冷戦下で必要だったんです。外務省はそのことがよく分かっていた。

大体、日本政府の広報、パブリック・ディプロマシーは通常はうまくいかない。ところが、ソ連があまりにも悪いイメージの国だったから、北方領土問題だけは政府広報がうまくいき過ぎちゃった。それで今度は、方針転換する時に非常に難しくなった。外交は力関係とか国際情勢によって動くんです。ところが、**1回固定された物語をつくっちゃうと、その物語は動かなくなっちゃう**ことがあるんですよね。

古谷　沖縄返還の1972年以降、例えばデタント[1-7]とか、国際条約が若干冷戦の中で変わってきた時に、4島じゃなくて日ソ共同宣言の2島だけでいいという、「2島手打ち」みたいな、そういう動きは外務省ではなかったんでしょうか。冷戦期にも米ソの温度には濃淡があるわけでしょう。教条的な反ソだけではない時期もあると思うんですが。そのあたりはどうだったのですか。

佐藤　1970年代初頭には外務省OBと政治家でそういうことを考えた人もいたようです。そういう方向でいけないかの模索が。グロムイコ外相の時にも交渉が動きかけたことがある。ただ、その時はうまくいかなくて、その次は1975年の三木武夫首相の時に少しその可能性があったようです。三木さんに近い外務省OBが動いていたようです。だから、逆に現役の外務官僚の方は、そうなってはいけないということで、「4島一括返還」と言い出したわけです。それで、その後、デタントの期間はほとんど動きがなかった。

次に動きが出てくるのは、ゴルバチョフが登場してからなんだけど、あの時はオデッサ事件[1-8]がありました。日本の駐在武官が追放になった事件です。その後、東芝機械のココム違反事件[1-9]があった。でも、あれ、実際はその送った機材によってソ連の潜水艦のスクリュー音が

1―7　国際関係における緊張緩和のこと。

1―8　1987年8月、日本の2人の駐在武官がソ連の港湾都市オデッサを訪れた際、現地の人に頼まれて写真を撮った際にスパイ活動と見なされて逮捕。駐在武官の1人が追放された事件。

1―9　1987年に起きたココム（対共産圏輸出統制委員会）違反事件。東芝機械が貿易商社和光交易を通じ、ノルウェー経由でソ連に工作機械を輸出したことを和光交易社員（その後作家、熊谷独となる）がパリにあるココム本部に告発して発覚につながる。米国の調査で「工作機械がソ連海軍の潜水艦のスクリュー音の静寂性向上に貢献した」と結論づけられた。親会社である東芝の会長と社長が引責辞任。

小さくなったということはなかったわけですけれど、これらの出来事によってゴルバチョフになってもソ連は変わっていないというイメージが先行しちゃったよね。だから、うまくタイミングが合わない感じだね。

古谷　一方で第2期安倍政権以降、北方領土交渉の日本側の態度が日ソ宣言、つまり2島返還方針に先祖返りし、日本からすると領土交渉の日本側土台が後退したんじゃないかということになっています。実際、日本側が2島返還路線に修正したとしても、2島すら戻らない。そもそもソ連は日ソ宣言当時であっても2島返還の意志は全くなかった。つまり最初から交渉がどうであろうとソ連は1島すら返す意志はなかった、などと言っている人もいます。それについてはどう思いますか。

佐藤　そういうことを言っている人は、そう言うことによって利益がある人たちだよね。

古谷　と言いますと？

佐藤　だから、本当に返還されたら自分たちの飯の食いぶちがなくなるからだと私は見ています。

古谷　なるほど。時系列的に順を追ってお聞きしたいと思います。2020年にロシアの憲法改正がありました。その改正部分には附帯がありました。かいつまんで言えば「係争中の領土については領土不変、割譲禁止の対象外である」ということですけど、この部分はやっぱり北方領土問題を念頭に置いていたということでいいんでしょうか。

佐藤　その通りです。それは、「国境線の画定と線の引き直しは対象外」だということを言っているわけで、それは明らかに日本との国境交渉が含まれているわけですよね。

古谷　プーチンは「日ソ共同宣言で、2島の主権を引き渡すとは書いていない」[1-10]と第2期安倍政権時代に発言しました。2020年ごろに見せたこのプーチンの動きはどうなんでしょうか。

佐藤　主権について書いていないというのは確かだけども、外交交渉においては、まずは自分たちにとって有利なことを相手が最大限に出してくるのは当たり前の話で、ここは簡単に崩せるんですよ。これ、ロシア語で「引き渡し」というのは「ペレダーチャ」という言葉で、日本は認めていないんだけど、ヤルタ秘密協定においては、南樺太をソ連に返還し、千島列島を引き渡すとなっているんですよね。その「ペレダーチャ」という「引き渡し」に主権が含まれていないならば、千島列島はいまだ日本の主権下であることになる。

古谷　そうなりますよね。

1―10　2018年11月15日、シンガポールで開催されたASEAN（東南アジア諸国連合）関連首脳会議に出席したプーチン大統領の記者会見での発言。

佐藤　ヤルタ協定でも日ソ共同宣言でも「引き渡し」に関しては「ペレダーチャ」と同じ言葉を用いています。だから、プーチンの主張を崩すことはそんなに難しくない。戦後現実を認めろとソ連が言っているんだけど、それをのんでヤルタ協定を認めちゃえばいいんです。ヤルタ協定を認めちゃえば、そこが「ペレダーチャ」に、「引き渡し」に主権は入っていますよねと。ヤルタ協定の中で「引き渡し」に入っていないということになると、千島列島に関しては、いまだ日本に主権があるということになっちゃいますよと。そうすると、同じ言葉を使っているわけだから、56年宣言（日ソ共同宣言）の「引き渡し」には、主権は当然含まれていますよねと。それから、交渉というのは交渉経緯の文書が残っているから、それらの文書において、「引き渡し」に主権が含まれていないという議論は全くない。むしろ問題はそこじゃないんですよ。主権の問題は、その意味では詰めれば簡単なんだけども、56年の時には[1—11]ＥＥＺ（排他的経済水域）という概念がないんです。

古谷　ＥＥＺって１９８２年の採択概念ですものね。

佐藤　だから、日本は２００海里が日本に戻って来ると思っていたんだけども、そこは保留になっている。当時において２００海里という概念がないから。あくまでも島の主権も含めて当時の領海分を戻すという、それが当時の約束だから、それ以外のところの２００海里をどうするのかと、漁業権をどうするのかということについては、これは結構大変な交渉になります。
古谷　漁業権については改めて策定し直すと。自動的に附帯されるものじゃないということですね。
佐藤　自動的には附帯されないと思います。だから、ロシア側は必ずそこを言ってくると思う。そこは共同宣言の中には入っていないと。当時は200海里という排他的経済水域という概念がないから、それについては約束していない。国際法の大原則の「合意は拘束する」という原則に基づくと、そこについては合意していないからもう一回交渉だと。
古谷　確かに。
佐藤　最終的には日本がロシアに入漁料を払うということになると思います。
古谷　2019年にはメドベージェフ首相（当時）が択捉島を訪問しました。2021年ミシュスチン首相が択捉島を訪問しました。**今後もロシア要人の国後、択捉訪問はあると考えら**

1―11　排他的経済水域とは、沿岸国が漁業を行ったり天然資源の探査や科学的調査などができるとしたもので、領海基線（海面が一番低い時に陸地と水面の境界となる線）から200海里（約370㎞）を越えない範囲内で設定することができると国連海洋法条約（「海洋法に関する国際連合条約」）によって規定されている。国連海洋法条約（正式名称：United Nations Convention on the Law of the Sea）は「海の憲法」とも呼ばれ、全17部320条という膨大な本文と9つの附属書から成る。同条約は、10年間にわたる交渉を経て1982年に採択され、94年11月に発効。

れます。あるいは極東ロシア軍の動きですね。このような報道を見るとやはり巧妙に、歯舞・色丹にはノータッチを貫いているというふうに思うんですけど、当時のロシアの行動への理解という意味ではこの解釈で合っていますでしょうか。

佐藤　これははっきりしています。**国後・択捉と歯舞・色丹は完全に分けています**。だけど、裏返すと、歯舞はもともと無人島だし、色丹のインフラ整備は、国後・択捉と比べるとかなり遅れている。だから、それはいずれ引き渡すことになるんじゃないかという含みがあるからだと思います。

古谷　だから放置していると。

佐藤　そういうことです。

古谷　これは、結局は日ソ共同宣言を履行して、漁業権は交渉し直すとして、2島の引き渡しをやるということになったら、旧南千島の国後・択捉の主権を日本は全く主張しないし、事実上放棄して、知床と国後の間に国境線を引きますと、そこまではっきりと言う必要があると思いますがいかがでしょうか。

佐藤　そうなんです。ただし、国後と択捉に関しては、歴史的な経緯に鑑みて、ロシア法の下で何らかの日本だけの優遇措置を取るということは、部分的に主権に踏み込んでいるわけだから、ゼロじゃないわけですよね。だから、2島返還プラスアルファの「アルファ」のところは、実は自国法で完全に決められるんだけど、そこのところにおいては主権の一定の譲歩があるわけだから、プロから見るとそういう決め方は決して悪い話じゃないわけです。

古谷　しかしながら地元北海道東部（道東）も含めて、**もう2島返還すら無理なんじゃないのという諦めムード**をどう思いますか。日本側の諦めムードについてです。私はそれを強く感じるんですけれども。

佐藤　諦めムードが本当に強くなったら、それは返ってこないですよ。ロシアは今のままで構わないから。ただ、本当に日本人は諦めるのかなというと、必ずしもそうでもないと思うけどね。もし2島も全部諦めて、このままでいいという形にしたら、多分その政権は崩壊すると思います。

古谷　それはそうですね。もうジブラルタル[1—12]みたいにずっと何百年も居続ける形が必要だということでしょうかね。

佐藤　だから、島に日本人が入っていかないといけない。それから、交渉が仮に頓挫するとしても、交渉の終わり方が重要なんですよ。日本が無理筋の要求をしていて、国際社会から

1—12　スペイン南部、イベリア半島南端に突き出した小半島に位置する、英国の海外領土。18世紀のスペイン継承戦争後、1713年のユトレヒト条約の取り決めによって英国の統治が続いている。

見たら国際法でも無理筋の要求を突き付けている。だからロシアが蹴っ飛ばすのも当然だという形になって終わるのか、日本は国際法に則ったアプローチをしているが、ロシアがそれを反故《ほご》にしているという形で終わるのかということで、かなり国家の道義性が変わってくる。だから、2島まで降りて日本が交渉するということは、仮にまとまらないとしても、それはこちらに責任はないわけです。そういう意味で交渉はしやすいと思います。困るのはそちらじゃないですかと。**合意は拘束するというのは国際法の大原則**です。プーチン大統領が「日ソ共同宣言は今も有効だ」と言った。そこで規定されている歯舞と色丹の引き渡しを反故にするとはどういうことかと。ロシアでもそこをよく分かっているのが

プーチンであり、対外諜報庁（SVR）なんですけども、ロシア外務省は、北方領土問題で最終的にこの2島を引き渡すという形になったら、よくやったという話にはならない。ロシア側としてはリスクがあるから、それは硬くなりますよね。あと、漁業委員会も自分たちの「米びつ」の話だから硬い。それから、サハリン州は自分たちの領土が切り取られるわけだから、反対する。このような状況を踏まえると、プーチン政権の間にこの問題にけりをつける必要があります。

古谷　これはプーチン政権の後、誰になるか分からないですけど、プーチン政権の間にやらないとならないというのはどういうことですか。

佐藤　プーチンが「56年宣言の引き渡しは義

務的だ」と言っているから。もしそれをやらないということは、プーチン自身が権力が弱いということになる。次の政権になったら、例えばメドベージェフ大統領の時にはっきりしたんだけども、メドベージェフはプーチンと異なるスタンスを取りましたね。

古谷 はい。

佐藤 プーチン後の大統領になると、そうなる可能性がある。

古谷 逆に言うと、なぜプーチンはそんなに56年宣言にこだわりがあるんですか。

佐藤 それは、プーチンが法学部卒業の人であって、法を守ることにこだわっているからです。

古谷 なるほど。

佐藤 ロシアは逆に、NATOの東方拡大について、かつては「東方拡大しない」と言っていたじゃないかと。本来ワルシャワ条約と同時解消のはずだった。しかし、NATOはPFP、平和のためのパートナーシップということで、今までの軍事同盟とは性格が違うんだということで言ってきた。つまり、だましたなというのがあるんだよね。だから、約束を守らないのはむしろ西側だと。それに対して、日本に対しては約束不履行というのはないから、そこで言うと信頼度は高いんです。

ロシアも領土を手放すことがある

古谷　北方領土の問題をもう少し深くお伺いしたいです。結局、１９５６年の日ソ共同宣言に基づくとプーチンが言っているわけですけれども、ロシア国内にも保守派はいるでしょうし、日本側の主張は百万歩譲って置いておくとして、ロシアの国民世論、つまり領土割譲に反対するナショナリズムをどうやって彼は納得させていくつもりなのでしょうか。

佐藤　ロシア国内の国民世論というのは、実際問題としてはあまり気にしなくていいと私は見ています。どういうことかというと、**ロシアの場合には、エリートと民衆というのは完全に分かれている**。それで、外交はエリートたちの専管事項だと思っているから、民衆は文句を言うけれども、意思決定をエリートが本気でやるといったら、それをみんな追認しちゃう。だから、そこはちょっと日本と違います。日本は自分たちの代表を選挙で選ぶけど、ロシアでは日本とは違う政治家の選び方があって、ロシアの場合は、政治家というのは、「上から変な人が降ってくる」という感覚です。その中に「悪い人」と「とても悪い人」と「とんでもない人」がいる。そこで、「とても悪い人」と「とんでもない人」をはじくのが選挙だ、こういう感じなんですよね。

ソ連時代は1人しか上から降ってこなくて、それが「うんと悪いやつ」とか「とんでもないやつ」でも追認するしかなかった。ところが、今は、「とんでもないやつ」と「うんと悪いやつ」くらいは外せると。これぐらいの感覚で、政治というのはすごく民衆から遠いものなんですよ。

だから、外交もその意味で民衆から遠いところにあるものだから、基本、政府の方針についてはロシアでは追認だよね。その意味では、「世論がある」と言っているのは実は世論じゃなくて、**「クレムリン内での駆け引き」を世論と言っている**わけです。プーチンが押し切ると決めれば、それで通ってしまう。

古谷 とはいえ当然、南クリル地域の領土の割譲は、国民感情としてはロシア国民は嫌でしょうけれども、クレムリンが押し切ってしまえばその程度で動かせると。

佐藤 そこは「領土の割譲」じゃなくて「国境線の画定」だと言うから。

古谷 言い換えるわけですね。

佐藤 そう。今まで決まっていなかった国境線を画定したと。だって、それを考えるんだったら、中ソ[1-13]の間で相当な殺し合いをして領有権を主張していた「ダマンスキー島」は中国領になっています。そういうことを考えるとロシアは領土を手放すこともあるんですよ。「スバルバル諸島」では主権をノルウェーに渡しちゃったこともあるからね[1-14]（スバルバル条約）。石炭だけ取れればいい、実利が取れればいいと。あと、それこそ旅順[1—15]（大連）は租借していたわけじゃない。でも、租借地から中国に返還しました。

古谷 ダマンスキー島や大ウスリー島[1—16]をめぐる中ソ紛争については、北方領土問題でしばしば引用されます。大ウスリー島は係争領土の「痛み分け」、つまり中ロで事実上二等分＝ロシアに不利な線引き、がなされましたから、これを根拠に北方領土も大ウスリー島の方式でいけるのではないか。要するに択捉島の南部で地上国境を設定する「北方領土面積二等分論」の根拠などにもなりましたね。また、ダマンスキー島をめぐる紛争は、冷戦期の中ソ対立が背景にあり、実際に熱戦、要するに軍事衝突まで行った。そもそもダマンスキー島は中洲で

1—13 1969年3月、中ソ国境のウスリー川（中国名・烏蘇里江）にあるダマンスキー島（中国名・珍宝島）でソ連と中国が軍事衝突した国境紛争。89年5月の中ソ関係正常化後、91年5月国境協定が調印され、中国領になった。

1—14 北極海に浮かぶスピッツベルゲン島など、スバルバル諸島の取り扱いをめぐる条約。1925年に発効。日本も条約の原加盟国の一つ。ノルウェー領であることを定めつつ、40カ国以上の加盟国に資源利用を含む経済活動を認めている。軍事利用はできない。

1—15 大連は遼東半島南端に位置し（最南端が旅順）、日本など外国から製造業やIT企業が多く進出している工業都市。1898年にロシアが租借し、1904～05年の日露戦争後に日本の租借地となった。第二次世界大戦後、ソ連が管理していたが、旅順は55年に中国に返還された。

1—16 アムール川（中国名・黒竜江）とウスリー川の合流地点にあり、ロシアが実効支配してきた島（中国名・黒瞎子島）。2004年中ロ首脳会談で同島を含む未画定の国境について電撃的に解決で合意し、08年に東西を分割する形で画定している。

あり戦略的意味合いが低い。しかしながら北方領土については第二次大戦におけるソ連勝利の結果であり、戦後の日ロが軍事衝突しているわけではない。よって事情が違う＝局地紛争によって妥協した事例とは異なる――、という見解もあるのですが、それについてはどうでしょうか。

佐藤　そこのところもやっぱり文章を突き合わせるということになるわけで、千島列島の中に歯舞群島・色丹が含まれるかという千島の範囲の話をすれば、そこのところは比較的簡単に説明できます。

古谷　一応北海道の附属島という見解を日本政府は取っておりますので、千島じゃないですよね、2島については。

佐藤　戦後GHQとかも、どこまでが千島かというのは、日本政府が資料を出しているんですけど公開していません。ただし、放棄した千島に歯舞群島・色丹島が含まれていないという立場について、日本政府は一貫している。

古谷　あれはもともと根室半島の海没地形なんですよね。つまり現在の根室市がある半島は、かつて歯舞・色丹まで陸路でつながっていて、それが新石器時代の海進によって分離され、島になったという。要するに根室半島は先史時代、もっと東に、色丹島まで延びていたわけですよね。

佐藤　そうそう。で、そのところは双方がどういう主張をしているかということで、戦争の時には行き過ぎというのがあるわけだから、そこをどうやって是正するかと、こういう話ですよね。だから、こういうのは技術論に持っていかなきゃいけないんです。要するに、放棄した千島列島の範囲はどこかという極めて技術的な問題で、国境の線を引くという話で領土問題を解決させる。国境線画定という形で解決すればいいだけです。

古谷　その国境線画定の時に、日本側としては、公的に「国後・択捉はサ条約で放棄した千島に含まれる」と言わないといけないですね、はっきりと。国後・択捉は放棄した領土であり日本領ではない、と。よってそれはロシア領土であると。これは繰り返しになりますが、重要なことなので2回言いました。

佐藤　早く言った方がいいんだけどね。国後と択捉に対する領土要求がないということをはっきりと言う。ヤルタ協定も全部認めちゃったらいいと思うんですけど。

古谷　認めざるを得ないですよね、もはや。

佐藤　でも、それは、さっき言ったように、「引き渡し」という概念のところで、主権が引き渡されていないという話を解決させることができるから、日本にとってはメリットがあるんですよ。それで、[1-17]共同経済活動も国後と択捉はロシア法に従えばいいんだから。そうすると、双方の法的立場を毀損《きそん》せずにやるというような、面倒な議論をしないで済むわけです。でも、これだと北方領土返還運動をやっている人たちは困るよね。仕事がなくなるから。

古谷 右翼も革新も「北方4島一括返還」で歩調を合わせ、政治運動をしてきたきらいがあります。交渉妥結の見込みがないにもかかわらず、「4島一括返還」を錦の御旗にし、団体や政党の勢力伸長に資してきたのは事実です。

佐藤 北方領土の現地に行った時には2言語制になるわけだから、色丹島では。その窓口として北方庁みたいな役所が必要になる。だから、今の独立行政法人北方領土問題対策協会とか、政府系の団体にいる人を雇うとか、そのことも考えないといけません。色丹島で日ロ首脳会談ぐらいでやったらいいと思うんですよね。

古谷 日本側がそこまで踏み込んだことを果たしてできるでしょうか。国後・択捉の放棄を公式に言えるでしょうか。

佐藤 首相の腹一つです。そこまでして北方領土問題を解決しようとする政治家が出て来るかどうかです。だからそれは、北方領土問題を解決してロシアとの安定的な関係をつくるということ。それがエネルギー政策上も、海運政策上も、安全保障上も、中国との対策上も必要だという確信を、時の総理が持つかだよね。それから、かつて安倍晋三さんを支えた今井尚哉さんとか北村滋さんは、そういう戦略を持っていたから、その官邸官僚たちの意思というのは非常に強く働きました。観念で外交をやろうと思ったらろくなことにならない。そうすれば、勇ましい方がより正しいということになるに決まっているわけです。でも、勇ましいことを言う人が、本当にきつい交渉をできるかというのはまた別の話になります。

■北方領土問題の解決の可能性

古谷　念のため改めて、重要なことなので確認させてください。北方領土問題で日ソ共同宣言は生きていますか。

佐藤　生きています。このことは日ロ両国とも確認しています。それから北方領土でのビザなしの墓参も生きている。[1-18]

古谷　択捉・国後については？

佐藤　1993年の東京宣言では歯舞群島、色丹島、国後島、択捉島の名を挙げて4島の帰

1-17　2017年9月の日ロ首脳会談を受けて、(1)海産物の共同増養殖、(2)温室野菜栽培、(3)島の特性に応じたツアーの開発、(4)風力発電の導入、(5)ごみの減容対策、の5件のプロジェクト候補を特定した。

1-18　人道的見地から日本が当時のソ連に強く求め、1964年に初めて実現。中断を経て86年に再開した。2022年9月に元島民の「ビザなし交流」などに関する合意はロシア側が一方的に破棄したものの、墓参に関しては枠組みは維持されているが、中断状態が続いている。

属問題を解決して平和条約を締結するという合意がなされています。しかし、これは4島がロシアに帰属するケースも含まれます。2018年のシンガポール日ロ首脳会談で安倍さんが2島返還に踏み切ったので、国後と択捉については過去の話になったと見た方がいいと思います。

古谷　日本が択捉・国後を放棄して国境線を画定する未来はあるとお考えですか？

佐藤　可能性はあると思います。ただし、歯舞・色丹に絶対に米軍基地ができないことの保証が必要になります。

古谷　それは極めて難しいと思いますけれど。

佐藤　おそらく文書での合意はしないと思う。一方的な宣言という方法がある。例えば尖閣諸島で、小渕さんが外相の時の漁業協定の書簡[1-19]あったでしょ？　中国は一方的に、尖閣周辺海域における日本漁船の活動は取り締まらないと。日本も尖閣周辺海域の中国漁船の活動を一切取り締まらないと一方的に宣言した。これは合意ではありません。

歯舞・色丹に一切の軍事基地を置かないという一方的宣言を日本がする。もっとも一方的宣言はいつでも取り消せるのですが。

古谷　押井守監督などがアニメ映画化した「攻殻機動隊」の『イノセンス』（2004年）に、「北端」という舞台が登場します。これは近未来の択捉島のことです。国家主権があいまいなことを逆手に取って、不法移民やらハッカーやらの巣窟になっているという設定です。作中ではかなりの大都市になっています。これは士郎正宗氏の原作漫画から引き継がれた設定です。原作は1988年に執筆されましたので、日本経済の絶頂期に近く、「択捉・国後も何とかなる」という強気の時代背景があったのでしょう。

それから35年近くが経ち、あらゆる意味で日本は弱くなりました。4島一括という妙な金科玉条を捨て、ロシアと平和条約を結び、北方の国境線を画定することが、地元北海道の私としても強く望みます。■

日本人にあまり知られていない東欧の歴史

■

古谷　東欧については基礎知識程度しかないので、ぜひ勉強させていただきたいと思っています。

1―19　1997年に署名され、2000年に発効した「日中漁業協定」で、小渕恵三外相と徐敦信駐日中国大使の間で交わされた書簡のこと。日本側の書簡では「中国国民に対して、当該水域において、漁業に関する自国の関係法令を適用しないとの意向を有している」とされている。

例えば、バルト三国はソ連の時に併合されていたから、反ソ感情が残っていると思います。ただ、なぜ反ユダヤになるのかが分かりません。

佐藤　バルト三国では第一次世界大戦と第二次世界大戦の戦間期に反共主義、反ユダヤ主義が強かったです。そのあたりの歴史について知りたければ、ヒトラーに仕えたリッベントロップを描いた『ヒトラーの外交官』（サイマル出版会、1995年）、ラトビアのナチス協力軍と行動を共にすることになったユダヤ人少年について描いた『マスコット』（ミルトス、2011年）がお勧めです。

古谷　ポーランドについては、いかがでしょうか。

佐藤　ピウスツキ[1-20]政権について、『岩波講座　世界歴史28　一九三〇年代』（岩波書店、1971年）を読むと、ポーランドはイタリアに次ぐ世界で2番目のファシスト政権だと書いてあるけど、その通りですよね。

古谷　確かに。ピウスツキ政権はナチスに接近して不可侵条約を結んでますものね。それは1939年9月のダンツィヒ（グダニスク）要求で見事に裏切られるわけですが。

佐藤　イタリアのファシズムに次いでファッショ化したのがポーランドです。だから、戦前、日本の陸軍は暗号でポーランド陸軍と協力しました。それは政治体制が似ているからです。

古谷　日本ではあまり知られていないですし、ナチドイツの被害者という観念が強いのでどうしても戦前のポーランドって聖人的に見られますが、結構な権威主義的体制だったわけですよね。一方、今のポーランドの北側ですけど、飛び地になってしまったケーニヒスベルク[1-21]の扱いはロシア人の感情的にはどうなっていますでしょうか。昔の呼び方ですけど。「ソビエトの家」がお城の上に建っているという……。

佐藤　カリーニングラードですね。カリーニングラードに関しては、あそこにはもともとプロイセン人たちがいました。

古谷　いわゆるドイツ騎士団の東方植民ですか。

佐藤　いや、それとは別のプロイセン人で、リトアニア人やラトビア人に近いバルト系の民族です。ところが、18世紀ぐらいにアイデンティティを失っちゃって周辺民族に吸収されてしまいました。その人たちがもともといた所だから、そこにロシアとドイツが時代状況によって影響力を行使してきたという感じの所です。潜在的にはカリーニングラードを取り戻し

1-20　1918年11月にポーランド独立時に国家元首兼軍総司令官に就任。20年4月にソビエトとの戦争を開始。21年3月にソビエトとリガ条約を締結して、ベラルーシとウクライナの西部を獲得し、国土回復に成功した。その後、引退したが、26年クーデターで権力を握り、35年死去まで独裁政権を維持した。

1-21　13世紀にドイツ騎士団が建設したバルト海の港湾都市。旧称ケーニヒスベルク。ナチス・ドイツはここを含む東プロイセンが飛び地だったことなどから1939年、ポーランドに侵攻した。第二次世界大戦後はソ連（ロシア）領となり、市と州に革命家カリーニンの名が冠された。州内にはバルト艦隊が駐留。哲学者カントが生まれ没した場所として知られる。

図2　カリーニングラード

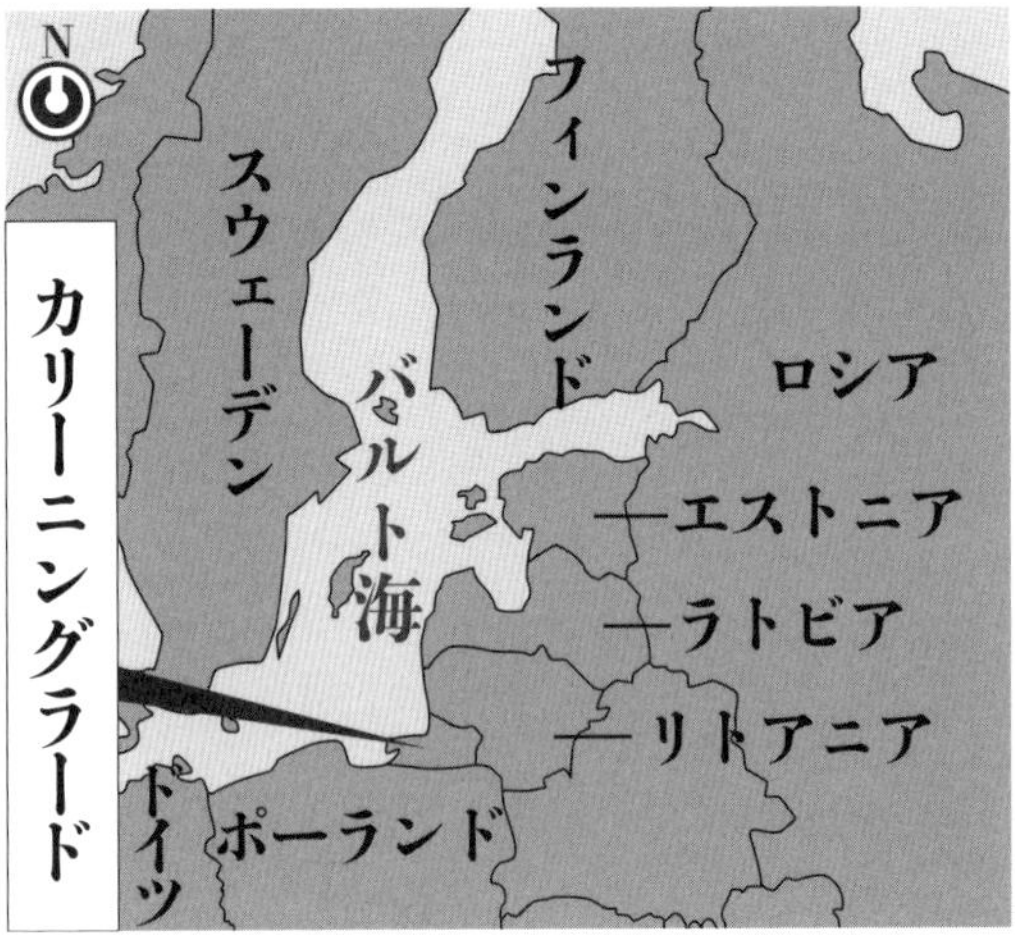

たいという考えがドイツ人にあると、ロシア人は思っています。

古谷　やはりそうですか。ドイツの出版社が1992年ぐらいに発行した世界地図を見たことがあるんですが、「オスト(東)プロイセン」に赤で囲み線が引かれていて、「1939年までドイツ固有の領土だった」と書かれてあったので、目を疑いました。戦後大量にドイツ系住民が追放されたこともあり、そりゃあドイツからしたらいつまでも恨みに思っているに違いないと。ちなみにこの地図では極東の地図に歯舞・色丹の部分に注釈があって「1956年にソ連が日本に返還と約束」と書いてました。ともあれ、それこそ人口で言えば千島・樺太の比じゃない人がケーニヒスベルクで暮らしていたわけですからね。戦前の同市の人口は市域だけで40万人といいますから。州人口で言えば400万人ぐらいですかね。国境線としても不自然ですもんね。

佐藤 飛び地になっています。

古谷 ええ。

佐藤 でも、ロシアにとってはヨーロッパにあいくちを突き付ける場所になるから、絶対手放しません。

古谷 そうですよね。ここにロシア軍の戦術核ミサイルが配備されてますものね。管轄としてはロシア海軍の第11軍で、総兵力約1万2千。しかも機甲部隊ですからロシアの重視ぶりが分かろうというものです。半永久的にカリーニングラードの再ドイツ化はないでしょうね。■

2

メディア・ネットの渦を渡る

溺れずに泳ぎ切るには

■ 国民の目は欺ける

佐藤 **政局の危機の中で国民の目をどうだますかって、1936年に学ぶべき**と私は考えます。

古谷 二・二六事件ですか。

佐藤 それもあるけど、二・二六事件の数カ月後に何があったか。帝都を恐怖に陥れた「上野動物園のクロヒョウ脱走事件」。

古谷 それは知りません。クロヒョウちゃんが逃げたんですか。

佐藤 逃げた。新聞記事はそれ一色。何しろ、帝都を恐怖に陥れたんだから。

古谷 何月の出来事ですか。

佐藤 7月です。そしてそのちょっと前の5月に「阿部定事件」でしょ。だからあの年の三大事件て、二・二六と阿部定とクロヒョウなんです。紙面に大きく取り上げられたのは阿部定で、その次がクロヒョウ。

古谷 へぇ〜。そのクロヒョウちゃんは捕まったんですか。

佐藤 捕まった。帝都を恐怖に陥れたクロヒョウです。

古谷 全然知らなかったです。

佐藤 結局、クロヒョウと阿部定でメディアが忙しくしているこの年に、[2-1]軍部大臣現役武官制ができました。この年の5月の出来事ですが、大きなニュースになりませんでした。

古谷 うわ〜笑えないですね。

佐藤 政治で何かあると、「政権危機」みたいなワイドショーがずーっと続く。そこにワイドショー的なものが差し挟まれると、世間の目はそれていくんだよね。1936年がいい例です。

古谷 陰謀論でも何でもなく、本当にそうなんですよね。警戒しなければなりませんね。

あふれる情報を見る目

古谷 私は昔からラジオっ子で、今でもラジオから情報を取ることが多いです。

佐藤 賢明ですね。NHKもラジオの定時ニュースがテレビニュースの基本です。それをテレビはアレンジしているわけです。

古谷 戦前唯一の国営ラジオでしたものね。ラジオの他はCSの専門チャンネルも参考にします。先生はどうですか?

2―1 軍部大臣(陸軍大臣・海軍大臣)の就任を現役大中将に限定する制度。1900年に確立、13年に撤廃されたが、36年に復活した。

佐藤　私は各国政府の公式媒体を重視しています。具体的には、政府や国営通信、国営放送のホームページです。ウクライナ戦争以降、日本の新聞は事実を知らせるというより、正しいことを教えるっていう姿勢になっている。だから、最近はどうしてもＮＨＫへの依存度が高くなります。ＮＨＫは速くてファクトベースです。ファクト（事実）と認識と評価を切り分けて、ファクトだけの報道をしてくれる数少ないメディアです。

古谷　確かにＮＨＫの正確性は随一だと思います。私は特に災害情報で重宝しています。

佐藤　それと、私は聖教新聞と赤旗を毎日読んでいます。赤旗と聖教新聞を読んでいないと、日本の政局は分からないと思っているからです。

古谷　両極というと語弊はあるかもしれませんが、現代日本政治を読み解くには格好の教科書だと思います。

佐藤　以前と比べると赤旗も読まれなくなっています。最近、齢をとったせいか、私は起きるのが早くなって朝4時ぐらいに目が覚めます。5時になると新聞の電子版が更新されるので、ざっと確認する。それから聖教新聞は丁寧に読んで、必要なものとそうでないものを精査します。

古谷　池田名誉会長亡き後、論調とか変わりましたか？

佐藤　変わりません。創価学会はシステムになっているので、池田さんが亡くなったことでそれが崩れることにはなりません。

私はプロテスタントのキリスト教徒で、創価学会の信者ではありません。創価学会もキリスト教も世界宗教なので共通性があります。創価学会は池田名誉会長の指導によって、正典化(キャノニゼーション)がなされています。正典(キャノン)とは当該宗教の規範を定めたテキスト群を指します。『人間革命』『新・人間革命』がキリスト教の『新約聖書』に相当します。だからこの先は、正典に拠っていくことになると私は思います。

古谷　それから忘れてましたが、新聞もあります。私が定期購読しているのは紙と電子が日本経済新聞。電子会員では朝日新聞です。週刊誌は都度買う感じですね。他に『ムー』(ワン・パブリッシング)を定期購読してます。オカルトから紙面まで網羅して、私なりには「赤旗と聖教新聞」のようなバランスだと勝手に思っています(笑)。

メディアと仕事する作法

古谷　佐藤先生は当然メディアで発信する側でもあります。多くの媒体で連載や記事をお見かけします。私も僭越《せんえつ》ながら物書き一本で20代からやってきました。先生は書き手として、どのようなことを心掛けていますか。ぜひ後学のためにお伺いしたい。

佐藤　私は、例えば朝日新聞にも書くし、産経新聞にも書きます。

古谷　あ、『Ｈａｎａｄａ』（飛鳥新社）にも書いていますよね。

佐藤　そうです。そこに読者がいる限り書く、というのは売文業者として当然のことと思っています。

古谷　売文とは思いませんけど、いつも素晴らしいと思っています。

佐藤　それで、もちろんそこで自分なりの調整はします。例えば、沖縄辺野古基地に反対だという話をあえて『Ｈａｎａｄａ』で書く必要はない。ただ、『Ｈａｎａｄａ』でも時々冒険して、この連載に登場する猫のうちの1匹が習近平公式訪日を実現した方がいいと言うことはあります。

古谷　あの連載の猫、かわいいですよね。

佐藤　ありがとうございます。編集部に、私は習近平を日本に呼ぶことが国益に適《かな》うと思っているので、それを書くけど構わないかと尋ねると、「多様な意見があっていいですから」という反応でした。

古谷　花田編集長は割とその辺のバランスがいいですからね。私は、保守業界にいた時は『ＷｉＬＬ』（ワック）『Ｈａｎａｄａ』『Ｖｏｉｃｅ』（ＰＨＰ研究所）『正論』（産経新聞社）『撃論』（オークラ出版）『新潮45』（新潮社）『ＳＡＰＩＯ』（小学館）などあらゆる保守系媒体に全部書いていました。そのうち、『撃論』『新潮45』『SAPIO』は休刊してしまいましたが。「参与観察」で保守業界の暗部を批判したら、切られましたね（笑）。特に『WiLL』がそうでしたが。まあ切られることを覚悟でやっていたのですけれども、結果として現在の方が皮肉なことに書く媒体も書く分野の幅も増えました。例えば現在、地元の北海道新聞で連載しているのですが、故郷に錦といった感じです。

ところで、佐藤先生はラジオにはお出になるけれども、テレビはあまり出演されませんね。

佐藤　テレビは拘束時間長いからね。あとテレビは講演とセットになることが多いんですけど、私は講演にあまり関心がないので……。ラジオは収録ではなく生放送に出ます。始まる10分前くらいにスタジオに入ればいいのでロスタイムが少ないです。

古谷　極端に言えば、30秒前でも大丈夫ですね（笑）。

佐藤　今は放送作家も付きません。自由にしておいても事故は起きないとラジオ局が認識しているのでしょう。

◘ 出版はどこに向かうのか

古谷　この対談も書籍の仕事の範疇ですが、出版についてはいかがお考えですか。出版の未来は厳しいといわれます。電子書籍は漫画のみがやや好調ですが、活字の方は低落が続き、昔のように数十万部という単位での新書のヒットはあまりなくなりました。増刷しさえすれば「大戦果」という感じです。書店もどんどん街から消えています。

佐藤　編集が機能していないと感じることは多くなりました。「これは原稿から外してもらえませんか」と編集者から言われることがほとんどなくなりました。例えば、新書で、大学の紀要論文を右から左に流しているだけのものが増えているのも**編集者の力が落ちている**からと思います。

古谷　著者と編集者の関係性の中で難しい部分はありますが、良心に従えば指摘しなければなりませんよね。

佐藤　「まとめサイト」のつくりの本も増えました。

古谷　多いですね、最近そういうの。これブログかｎｏｔｅで書けばいいんじゃやね?という内容がそのまま新書になっていたりする。これはひどい、という新書は確かに多くなりました。出版不況で出版点数を増やさないといけなくなり、かつその中で新書は比較的耐えているという部分があって、大手の新書レーベルは軒並み著者を根こそぎ動員して、粗製乱造している向きがあるという印象は強いですね。

あと単調な自己啓発本も増えてますね。この前なんかは、都知事選挙にも出馬した石丸伸二氏の『覚悟の論理』（ディスカヴァー・トゥエンティワン、2024年）を読みましたけど、15分で読める内容で、政治家も自己啓発まがいの本を出す始末です。

佐藤 そういうニーズが読者の側にあるということなのでしょう。作品ごとに文体が全然違う著者も時々いますね。文体が違っているというのは編集者もしくはライターの考えが本になっているということです。特に編集者がライター的なことをやる出版社だと、手をがんがん入れます。そうなると、はて、誰の作品かと分からなくなります。

古谷 分かります。新書だと単行本の場合と文体が違っている。これ絶対に聞き書きか、補助ライターが入っているか、編集がかなりの部分手を入れて元原稿が改変されているか。でもそういったつくりの本って、感度が少しでも高い読者が読むと分かってしまうじゃないですか。だから相当の大ヒットでもない限り、次から仕事がなくなってしまう。制作スピードを上げて出版スパンを短縮する代わりに、作家としての生命を犠牲にしている感じがします。実際そういったことを安易にやって、鳴かず飛ばずで消えてしまったライターやら自称評論家の類いは少なくないですね。

佐藤　そういう現状を考えると、やっぱり古谷さんのようにきちんと文章を書ける人が貴重なんです。

古谷　いやもう本当に、お褒めに預かり光栄です。ＡＩが小説を書く時代にあって、差別化できるのは文体だけだと思うんです。分かりやすい文章って何ですか、と聞かれることがままあるんです。分かりやすい文章は文体の癖をなくすことだ、みたいに勘違いしている人が多いようですが、私は全く違うと思います。**文体こそ作家の生命線**であり、文体を均質化すると代替が可能だからです。もちろん、１行で表現できるのに、くどくどと迂遠に難解な文体を採るのが正しいわけではありませんが、基本的に確立された文体は盗まれることがないので、文体こそ至上のものだと

思っています。

佐藤　文体は作家の思想を表します。出版社も、各社がもし校正者・校閲者全部なくして**AIに文章を整理させるようになったら、いずれ均質な文章しか出てこなくなります**よね。

古谷　校閲の言う通りに文体直していったらそうなりますね。

佐藤　文体も全部直されちゃって、そうなると今度、編集者が、その文体の違いが分かる編集者と、分からないでＡＩエディターに振り回される編集者に分かれてくるわけですよ。

古谷　本当に嫌な話です。ＡＩ化が進み、「読みやすい文体」「編集しやすい文体」がより一層重宝されると思いますが、それでは差別化が起こらない。私は小説に限らず、ノンフィクションであっても評論であっても、最期に差別化できるのは文体だと思ってます。作者名を隠しても文体のみで「あ、この人が書いているな」と分かる**文体を持つ作家のみが将来に生き残る**と思います。固有の文体を持たない作家は淘汰《とうた》されると思います。文体の持つ意味は、現在にあってますます重要だと思います。文体は文章と非文章の行間の総体で構成され、かつ数値化できないので模倣されませんから。

■SNS帝国の住人■

古谷　X（旧ツイッター）をやっている人にフォロワーの反応を極度に恐れる人は特に多いです。政治団体もXをやるのが当たり前です。逆に言うと、彼らは過大評価していて、あんなもの、別に知らない人はみんな知らないじゃないですか。Xで何がトレンドかなんて、やっていない人からすると全く入ってこない状況です。イーロン・マスクも「Xで書かれる言語は、人口の割に日本語が多い」と認めているように、もちろん悪い意味で日本のネット空間はX中毒です。明らかに過大評価されています。

佐藤　私はXを含めSNSを使いません。その理由は簡単な話で、売文業者だからです。金にならない文章を書きません。

古谷　Xの有料化でインプレッション収入が入るようになりましたが、微々たるものですよね。月に5000円とか。その御姿勢は大変正しいと思います。多分Xをやっていないからそういうふうにフラットに活動できるんでしょうけど。やっている人は、根底では何かフラットにいろいろな違う分野の人と交わりたいと思っているのかもしれないですけど、多分フォロワーが許さないんじゃないですかね。

佐藤　なるほど。

古谷　**フォロワーの政治姿勢と違うことを書いたら、火をつけられちゃう**から。

佐藤　昔の読売ジャイアンツの私設応援団みたいな、そういう機能を果たす人がたくさんいるわけですね。

古谷　だと思いますね。しかも、もっと過激だと思います。あれ、ログインすると、当たり前ですけど、フォロワーの増減が分かるわけですよね。彼らを喜ばすことを言うと1日何百人も何千人も増えていくし、逆に見放されちゃうとばーんと下がっちゃう。それも大したことはないわけですよ。せいぜい下がったといったって3%ぐらいしか減らない。増えたといったって3%ぐらいずつしか増えないのに、3%減って600人減りましたみたいなのが、彼らの精神状況を著しく悪くするんだと思います。でも、見なければいいのに見てしまうのでしょう。エゴサーチとか毎日やってしまうんでしょう。そこで凹《へこ》んでしまう。凹むなら最初からやるなと思いますが。ちなみに私は7万5000人を超えるフォロワーがいますが、一撃離脱です。つまり言いたいことを発信した後のユーザーからの反応は一切見ません。優先的に表示されるのは猫とか動物に関する情報を発信するユーザーだけにしています。

佐藤　なるほど。だったら、よっぽど金を取ってメルマガを出して、それで５００部とか１０００部とかを安定的に持っていた方がいいですよね。

古谷　別に全然それ、やればいいと思うんですけど、何かそういうことをやるべきじゃないみたいな。誰もが触れるオープンソースで、無料で書くべきだみたいな義侠《ぎきょう》心みたいなものがあるんじゃないですかね。

佐藤　公衆民主主義的なものですね。

古谷　だと思います。でも、別にＸだって、ＩＤを持っていなかったら基本見ないですからね。そのような意味でＸが本当にオープンソースなのかどうかは分からないんですけど。一方でフェイスブックの方は相対的にですが、ちょっと平和です。電話番号で友人や知り合いが優先表示される仕組みらしく、完全な匿名ではないからでしょうね。インスタグラムはもっと平和ですね。画像を付帯しないと原則投稿できないシステムなので、政治的なイシューをそもそも投稿しにくいのです。選挙の写真とか、みんなスマホの画像フォルダにそこまで保存してませんから。

Ｘは殺伐、フェイスブックはやや平和、インスタグラムは動物と食事の写真ばかりなので純然平和、という色分けですね。私はこの三つのＳＮＳを全部利用してますが、しかし一番面白いのはやはりＸです。他人がけんかしてるところを見るのは野次馬的に面白いので。性格悪いとよく言われます。◘

3

生まれて育つ未知の旅路をめぐって

なぜこんなに生きづらいのか

登園しぶりだった幼稚園時代

古谷　佐藤先生の幼少期から青春時代のこともお伺いしたいと思っていました。

佐藤　古谷さんはずいぶんと御両親や学校による抑圧的な経験（後述）をなさっておられます。私の場合、ネガティヴ体験が割と早く訪れていて、幼稚園（年長クラス）なんです。当時、不思議な保母さんがいて、「悪い見本」というのを園児にやらせていたんですよ。跳び箱とか鉄棒とか。私は「スキップの悪い見本」をやらされた。それで幼稚園に行く朝になると40度近い高熱が出るようになった。

登園の時間帯が過ぎると熱が下がるんです。母が小児性の精神疾患ではないかと心配して病院（大宮中央病院）に私を連れて行きまして。小児科、精神科、神経科、整形外科とぐるぐる回されて、結果として、何ともないと。整形外科では、何往復も歩かされて。つまり歩行に機能障害があるかないかというテストですよね。

古谷　私は幼稚園ぐらいまでは両親の歪《ゆが》んだ教育熱の影響を受けることもなく奔放に生きていたと思うのですが……。詳細まで覚えていませんが、私の幼稚園時代は漠然と楽しかったような記憶しかありません。その当時、登園拒否、登校拒否というのはあまり一般的ではなかったんですか。

佐藤　珍しかったと思います。それで結局、小児科の先生が「幼稚園をやめさせた方がよい」と。この子の聴き取りをしてみると、言語能力もあり記憶力もしっかりしていて、屈辱的な目に遭わされたので、それで幼稚園に行きたくないということだと思う。でも、意思表示ができないから「熱を出す」という形になっているんだという見立てでした。で、母は幼稚園をやめさせることにしたわけです。

そうしたら、園長先生と保母さんが家に来て、保母さんは泣いていて「すみません」と。母は私に「やめてもいいんだよ、どうする？」と尋ねたんだけど、そこまで泣かれるとかわいそうなので、「行く」って言ってしまったんですよね。でも、実際、幼稚園に行くと、私は逆に腫れ物に触るような感じで「悪い見本」ではなくなったんだけど、別の子が「鉄棒の悪い見本」とかでやらされているわけです。単なる選手交代だったんですよね。私はひどい教育の縮図を幼稚園で見ました。世の中には悪い教師もいるんだと5歳でそのことが自分の中に焼き付いた。

古谷　私は子どもの頃から集団行動は不得意で、今でいうところのいじめも受けていて、学校に行きたくないという要望がかなうなら不登校になっていたと思います。当時は通学という選択肢しかなく、「不登校児＝問題児」という考えが一般的でした。

佐藤　今では不登校とか当たり前になってきたと思います。学校は軍隊とか近代的な工場と一緒にできてるんだから、そこに不適応を示す人が一定数いるのは自然なことです。会社だってフレックスタイム制になっているじゃないですか。徴兵制だってなくなっている時代にあって、何で学校だけそのままのシステムなのか。そのこと自体を問わなくてはいけないと思います。

古谷　おっしゃる通りで、義務教育って産業社会の遺産なわけです。決まった時間に登校して、決まったことを決められた時間の中でやる。そうやって身体感覚を訓練しないと、工場労働ができないからでした。しかし産業化＝製造業の隆盛は終わり、単に原材料から加工品を作る、という時代から無形のサービ

ス品、つまりＩＴや金融などの高度付加価値産業が稼ぎ頭となって久しいわけです。にもかかわらず、日本の教育は戦前の工場労働を前提としている。異様な構造がそのまま温存されています。

佐藤　だから、現在の義務教育は不登校の児童、生徒がいることを前提にして、組み直さなければなりません。

古谷　おっしゃる通りですね。**学校に通うこと自体が身体性と合っていないかもしれない。**産業化以前――先史時代まで、そんな身体性は人類に備わっていないわけですから。

佐藤　そう、身体性と合っていません。■

◘多動でちょうどいい

佐藤　子どもたちを型にはめようとすると、ＡＤＨＤ（注意欠如・多動症）の子どもに、すぐに薬を飲ませるようになりかねません。アメリカはそうなっていますね。

古谷　ＡＤＨＤで薬飲んじゃうんですか。

佐藤　はい。

古谷　でもＡＤＨＤは器質的なものだと思うので、薬飲んで治るようなものではないのではないか？と思いますが。

佐藤　ただ、薬理作用で脳内である程度抑えが効きます。逆に薬の効果があるのでＡＤＨＤ対策がブームになった要素もあると私は見ています。投薬される子どもの数も増えて製薬会社も売り上げが増えます。

古谷　それで効くんですか。

佐藤　効く。ただおとなしくするだけの話だから。

古谷　なるほど、鎮静するんですね。私もパニック症で毎日薬飲んでますけど、ある種の鎮静効果がある向精神薬は多いですね。

佐藤　確かにそうですね。

古谷　私は元来ＡＤＨＤの傾向があるんです。多動ですね。いろんなことに気が飛びがちなんですよ。

佐藤　いいことじゃないですか。物書いてる人というのは、多動であるとか、逆に自閉スペクトラムがどこか入っていると思います。私だって多動は明らかにある。そうじゃなきゃいろんなことに関心を持ち続けることができません。

古谷　そりゃそうですね。おっしゃる通り。

佐藤　だって、三つも四つものテーマで物を書いていくというのは、多動が入ってないとやれないですよ。注意欠如はそんなにないと思います。忘れ物とかそんなに多くないですから。

古谷　私は注意欠如もあるんです。財布がないと大騒ぎして、ごみ袋に捨ててごみステーションに放置していたり。車で行ったのに、車で来たことを忘れて電車で帰ったり。最近でも、福岡から羽田に帰る飛行機に乗る直前でホテルに家の鍵を忘れたことに気が付き、便をキャンセルしました。運転免許証を紛失して大騒ぎして、免許センターで再発行したら、クリーニング屋から電話がかかってきて「お預かりのズボンのポケットに免許証入ってます……」。人生が嫌になります。

海外に行く際は5回に1回の確率で乗り遅れるので自分が自分で怖くなります。台北便に乗り遅れて、代わりの便を見つけるのが嫌になり、結局台湾に行きませんでした。ヒューストンでも乗り遅れて、名もない日本人の旅行者に助けてもらいました。インドで飛行機に乗り遅れた時には、振り替え便が見つからず空港で一泊しました。常にどこかで何かを忘れ、分かっているのに定時に行動できないのです。でもまあ昔よりはだいぶよくなりました。

佐藤　多動というのも、子どもの場合、ＷＩＳＣ－Ⅳとかの知能テストをやると、知識の部分と処理の部分で、処理の方が追い付かないと多動に似た判断がつくことがあるんですよね。ぱっと思い付くんだけど、思ったように手が動かない、いらいらする、という感じで。

古谷　私は多動過ぎて、小学校２年の時、特別学級とか、特別支援学校に行くかっていうことまで真剣に担任教諭が検討したことがあります。そのことは今も覚えています。

佐藤　それは授業中に歩き回ったりするとか？

古谷　歩き回るよりももっとひどいです。小学校の時に何を血迷ったのか、水泳のパンツがうまく履けなくて、パニックになって下半身露出しながら学校の廊下を走り回ったり。何で履けなかったのか今考えてもよく分かりません。体育の休憩時間にじっとしていられず、側溝の砂利を花壇に大量に移動させて大問題になったり。札幌市内を走る地下鉄で、座席におとなしく座っていることができず進行方向に向かって走ったりしていました。映画『逆噴射家族』（石井聰亙〈岳龍〉監督、１９８４年）みたくです。当時から奇行が目立って、特別学級への編入を推薦されました。とにかくじっとしていられない。

佐藤　でもそれで別に他人に迷惑かけるわけじゃないし……。
古谷　辛うじて迷惑はかけてないかもしれません。砂利の大量移動は微妙ですが。
佐藤　しかし他人に危害は加えていません。小学校の時って、そういう子、何人もいましたよね。
古谷　でも私の時は、周りがみんな「いい子ちゃん」だから、私の頭がおかしいということになりました。
佐藤　でもそうやって、教室でじっと座っているとか、言うことを聞くことが「いい子ちゃん」というのは結局、工場で働くことと同じでしょう。均質な労働力を養成する方法ですよね。私は同志社の学生たちに就活の時、必ず『若き魂の記録　七つボタン』(古川卓巳監督、1955年) を観ろと勧めてました。「会社って大体、こういうところだよ」っていうのがよく分かる。
古谷　近いところはありますかね。
佐藤　殴る蹴るの厳しい教育があるんです。役所や会社というのは、直接的な暴力の行使はないけれども、本質においてこういうところだから(笑)。軍隊というのは体罰が多いですからね。そのモデルで軍隊と学校と企業はつながっています。
それがコロナ禍で崩れてきたという気がします。学校に行けなくなって、タブレットでの学習が進むと、自分の家で動画を観て、その後、オンラインで先生とやりとりするだけで小学校が成立してしまったというのは、学校や教室だったら怒られるんだろうけど、家の中でいくらふらふら歩いていても関係がないわけです。

コロナ禍では、誰も引きこもりの話をしなかったでしょ。だって国が「引きこもり」を奨励しているようなものでした。だから、もう少し割り切っちゃって、2割ぐらいの人は全く働かないものなんだと腹をくくってしまってもよいのではと半ば真面目に考えます（笑）。

古谷　繰り返しますようにまさに現在の日本の学校教育は、工場労働者の量産ですよね。工場労働が悪いとは言いませんが、明らかに現在の社会システムとずれている。そしてコロナ禍でおっしゃる通りいつの間にか「引きこもり」の話題が絶無になりました。大変な皮肉です。もとよりあらゆる母集団の2割の人間が働かないのではないかという「働きアリの法則」ですね。

佐藤　そう、働きアリが2割、普通のアリが6割、働かないアリが2割という話。働きアリ2割の人が倍働きゃいいわけだから（笑）、そういうふうになってるんだと思えばよくなる話ですから。

古谷　ちょっと前まで「一億総活躍社会」と言ってましたけど、ばかばかしいですよね。

佐藤　ばかばかしい。だって**人間みんなデコボコ**なんだから、それだから人間の社会は面白い。

古谷　おっしゃる通りです。2割の人は働かなくてもいいんですよねえ。この部分を読んで気が楽になる読者も多かろうと思います。

■教育虐待の残す傷跡■

佐藤　古谷さんの『毒親と絶縁する』（集英社新書、2020年）読みました。古谷さんには非常に不謹慎だけど、面白く、興味深かったです。古谷さんの観察眼が光ってますね。

古谷　読んでいただいてうれしいです。ほとんどの人が、「不謹慎だけど面白い」と感想を言ってくださいます。3割ぐらい私小説のように面白く書きました。ありがとうございます。書かれている内容は一切誇張せず、あれでも抑制気味に書いているのですが。

佐藤　この問題は古谷さんの例だけではなくて、しかも極端な話ではないと思う。結構反響あったでしょう。

古谷　大変ありました。教育虐待を受けていたこと、その影響で高校1年でパニック障害（パニック症）を発症したこと、それからの人生の葛藤を惜しみなく書いたつもりです。

　この本を読んでいない読者のために概略を申しますと、私の実の父母が極めて歪んだ学歴信仰主義者で、私が出生した時から「息子を北海道大学に進学させる」と決めて、同大学に進学率の良い高校の学区に分譲マンションを買ったことから始まります。よって私が成長するにつれ、自我を持つのと反比例するように父母のコントロールがし烈になっていくという話です。すべては「北海道大学に進学させる」という父母の野望に沿った路線で、私は育てられました。

父は帯広畜産大卒で、母は関西の短期大学を出ているのです。団塊の世代の中で考えればそこそこの学歴なのですが、決してエリートではない。地方都市でよくある「中途半端な学歴を持った親による異様な教育熱心」の典型例でした。当然私は人の子ですし、根が反骨的にできているせいもあって、そんなガチガチの線路から脱線するわけです。そうすると猛烈な「矯正措置」がある。

具体的には、私は「勉強のため」という名目で個室のドアを蝶番《ちょうつがい》ごと取り外されて24時間監視されたり、「勉強をしないなら、お前にかけるガス代がもったいない」という理由で真冬の北海道でシャワー中にガス栓を止められたり、母親からは数カ月から半年間ぐらいのスパンで、一切存在しないものとして扱われて一言も口をきいてもらえず、透明人間のように扱われて無視されてきました。その間、食事の連絡やらはメモ帳で行われていました。勉強をしない見せしめに、ごみ箱からオナニーに使ったティッシュを取り出されて、学習机の上に陳列されたこともありました。

母は40代で腸の病気――亡くなった安倍晋三氏とおなじ潰瘍性大腸炎です――に罹患《りかん》してしまったのですが、その病状の悪化を全部私のせいにして、「お前のせいで腸が削れる、血が出る」と四六時中呪詛《じゅそ》してくるんです。頭がおかしくなりますよね。こんな異常なことが何十回、何百回、昼夜を問わずずっと。期間にして中学・高校卒業までの約6年間、片時も休まることなく実施されたのです。

佐藤 自分もそういう目に遭ったことがあるという反響が、結構多かったんじゃないでしょうか？

古谷 はい。いまだに同じような境遇の読者から手紙が届きます。私は肉体的な暴力はほとんどなかったのです。その理由は、とりわけ父親が気の小さく体格も華奢《きゃしゃ》な地方公務員だったからですが、今言ったような精神的虐待がほとんどでした。

佐藤 だから私、古谷さんの本、タイトル（『毒親と絶縁する』）と帯にある文章（「教育虐待」とは何か？）、を逆にすればよかったと思いました。事柄の本質は、「教育虐待」だと思うからです。このテーマについてもう1回、角度を変えて書くことができるかもしれませんね。

古谷 ぜひとも詳しく書きたいですね。どこからかオファーがないものかしら（笑）。

佐藤 教育虐待の問題というのも、これから日本社会がすごい閉塞状況になってくる中で、「この閉塞状況をなくすには、子どもに良い教育を受けさせて突破するしかない」というような間違えた考え方が増えてくると思うんです。

古谷　いっぱいいるでしょうね。私の子弟はそうならないようにしたいと思ってるんですけどね。長子が今、小学校2年でして。

佐藤　いやいや、それは大丈夫ですよ。

古谷　大丈夫ですかね。

佐藤　それは古谷さんが「倍返しだ！」みたいな発想になってないからです。

古谷　私は「お前は北海道大学に行くんだ」とずっと言われてきました。しかし当然学力の問題でそれが無理と分かると、次は「お前は教育大学に行って学校の先生になるんだ」と言われ続けました。思春期という一番大切な時代のすべてで、私は両親から人生設計を常に押し付けられてきました。言葉で押し付けられたのであればまだしも、すでに述べたようにそれは「矯正」を伴う教育虐待でした。

　私自身、公立学校の教師とか一番向いてないと思うんですけど、「小学校とか中学校の教師になるんだ。教員免許を取るんだ。お前は教員になるんだ」とか言って聞かないわけです。繰り返しますように、公務員とか絶対向いてませんから（笑）。私のことを全く理解していないわけです。実の両親なのに息子ではなく、自分の自尊心と対話していたんですね。何一つ私のことを知らず、知ろうともしない。自分たちのコンプレックスに思考がむしばまれていたという自覚すらなく、「お前のためだ」としか言わない。本当に哀れでばかな人たちです。毒親というよりは刑事犯罪人だと今でも思っています。だから絶縁したわけですが。

よって私は子どものやりたいことを認めて、自由奔放に育てます。難関大学に行こうが行くまいがそんなことは些末《さまつ》なことでどうでもよいことです。やりたいことを無制限にやらせるつもりです。子弟には同じ苦しみを二度と味わわせたくありません。

佐藤　私がこの本を読んでまず思ったのは、ヘーゲルの言葉で「ミネルバのフクロウは夕闇を待って飛び立つ」ということ。これが書けたということで古谷さんの中でこの問題が一段落ついたんだなと。だから、御両親との関係をめぐる問題は終わったんだと思いました。

古谷　名前も変えましたからね。普通、名前って「太郎」とか「花子」とか、親が命名するじゃないですか。私は親に付けられた名前が嫌で、家庭裁判所で「名の変更許可」を申し出て、現在の「経衡」という名前に改名したほどです。自分の名前を自分で名付けて名付け親になったのです。これは10年以上前の話ですが、そういう意味では心理的にも戸籍上の法律的にも終わったのかもしれません。

佐藤　逆説的なんだけど、この本の何て言うのか、御両親への感謝の念の表明ですよね。古谷さんは、親の存在を認めないってことで解決しましたけど、息子が結果としては自立して家庭を持ったということは、そのことを御両親は喜んでいると思うんです。ただ、親の主観的な幸せっていうことを突き詰めていくと、虐待までいくことがある。みんな語らないだけでこの問題はどこにでもあるように思えます。

その後、お母さん、お父さんから連絡はありましたか。

古谷 それがひどいんですよ。親との最低限度の連絡は当時の妻を介してやっていたんですけど、出版して半年くらい経った頃にどうだろうと思ってこちらから電話をかけたんです。そうすると、「虐待めいたことはやったものの、誇張がある」とか「そこまでやっていないという証人がいる」とか、「●●ページに書いてある記述は創作だ」とか言ってくるわけです。両親いわく「嫌がらせめいたものは確かにやったかもしれないが、それは1回しかやってない。細部については誤りがあり、誇張がひど過ぎる」など抗弁してくるわけです。意図的なのか無意識なのか、完全に健忘症です。自分のやったことを忘れているんです。そもそも百万歩譲って仮に1回だとしてもアウトでしょ。

それでいて、私が作家になったら、「誇りに思う」とか言ってくるわけです。じゃあかつての異常な押し付けや虐待は何だったのか。反省の言葉はないのか。自分たちが間違っていたという謝罪はないのか。全くないどころか、痛いところを突かれると「そこまでやってない」「覚えていない、知らない」などとさらに抗弁するんです。

その時に、私は最期に両親を試してみようと思いました。「実は医者から余命宣告を受けている。のち寿命はいくばくもない」って嘘をついたら、本心を言ってくれるかな、謝ってくれるかなと思って、演技をしてそう言ってみたのですよ。そうしたら、母親は某宗教の信者なのですが、「日蓮さまにお祈りしておく」と言っておしまい。「死が迫った息子」に対しても、やっぱり謝罪をしないんだなあと。「お前のかかってる精神科医はやぶ医者だ。パニック障害を私たちのせいにするのか」とも言っていました。かたくなに自らを曲げませんでしたね。

ちなみに後から妻を通して、余命の件は「あれはウソだった」と言ってもらいましたけど(笑)。そんなことがあったわけです。

佐藤　そういうオチが付いたわけですね。

古谷　オチが付きましたね。余命をめぐる病状については「直腸がんで肝転移も濃厚。腫瘍マーカーの値も常に悪い。最初の病院で納得できず、CD-ROMに焼いた画像データを持ってサードオピニオンまで行った。結果的にステージ4は覆らなかった」とかすごいディテール詰めて説明したのですが。

佐藤　迫真の演技ですね(笑)。でも、御両親は古谷さんの本を読んでいるわけですね。

古谷　読んでいました。父は電話口には出て来ないんですよ。母親だけが出て来るんです。どうも父は私のことが怖いようです。根が小心なこともあるんでしょうけど、私が怒ったら関西弁で怒鳴られるのが、心臓に悪いとか言ってるそうです。何で北海道出身の私が関西弁で怒鳴るのかというと、父が大阪に出張して帰ってきた時に、「あんな汚い街、下品な言葉、関西人は日本人じゃない、二度と行きたくない」などと言って地域差別をしていたことを幼少時代に鮮明に記憶していたからです。その時の当て付けですね。私は京都・大阪に足かけ8年住んでいましたから、最低限の関西弁は使えるんです（笑）。

佐藤 お父さんは自分のしたことを分かっているんですね。

古谷 どちらかと言うとやっぱり、思い当たる節はあろうとも、基本線は母親とは同じです。でも余命宣告を受けたと演技してまで言ったのに、謝罪の一言もないっていうのは、「えっ、ここまでしてもないのか」と。私はちょっとその感覚を疑います。

佐藤 古谷さんが謝罪を求めているということが分からないのではないでしょうか。

古谷 分かんないですかね（笑）。

佐藤 まだお父さんもお母さんも若いでしょ。

古谷 え〜、両方もう70代ですよ。

佐藤 まだ若いです。80歳になったら見えてくる景色がある（笑）。

古谷 いやあ、あそこまで言って謝らないというのは、ちょっとあきれましたけどね。だって「もう死ぬ」って言ってるんだったら、少しぐらい「悪かった」と言うだろうと思っていましたら……。

佐藤　どっかで「謝らない」と決めちゃったのかもしれませんね。

古谷　都合の良いように忘れているんでしょうね。まあ加害者とはえてしてそういうものですが。いじめの加害者もそうじゃないですか。**加害者はやったことをすぐに忘れる**んです。それに都合の良いように記憶を改ざんするんです。一方、**被害者は一生覚えている**んです。まるで昨日のことのように。

過熱する中学受験

佐藤　それから『毒親と絶縁する』では北海道の特殊性も感じました。北大を頂点とする感じとか、官尊民卑というか。

古谷　私の両親が「お前は北海道大学に行く」と口を酸っぱくして言っていたのは、先生がおっしゃる通り、北海道では北大が頂点で、地元の政財官あらゆる分野でその卒業生が主導的地位を担っているからです。支店経済の街とか公共事業が最大のお客さんなどという地方都市あるあるですよね。

その県にある国立大学を頂点に地域経済の指導層が学閥で寡占されているという感じですか。とはいえ父の場合は、父の兄——私からすると伯父——が北大卒という、兄弟間の学歴格差によるコンプレックスも大きそうではあります。だから遮二無二に子弟を北大に行かせようとした。
　でも受験勉強って、そもそも強制されてするものじゃないですよね。生来受験熱がある子は言われなくても合理的に勉強しますし、難関大学でもそこそこ工夫すれば現役合格すると思いますし。本当に環境を整えないと難しいのは、国公立の医学部受験くらいじゃないかと思います。

佐藤　超トップエリートになると余裕があるんですよね。普通の親が、より上位を狙っていくと教育虐待になる傾向があります。

古谷　うちの親みたく、中間上位くらいが一番教育熱があって、エリートは放任ですよね。

佐藤　今、同志社大学で教えていて不思議な現象に気付きました。文学部、神学部、グローバル・コミュニケーション学部の上位層の学生はとても優秀で、親が富裕層で高学歴のケースが多いのです。それで親の学歴があまり高くなくて余裕がない状態で来ているのが、経済学部、法学部、商学部の実学系に多い。

古谷　へ〜、そうなのですね。余裕がないから卒業後にすぐに結果が出そうな実学的な学部を重視するんですかね。

佐藤　そういうことと思います。文学部で勉強することは、すぐに役に立たない。ただし、陳腐化しにくい。

それともう一つ注目すべきなのは、首都圏限定だけど、中学受験が異常な渦になっています。

古谷 中学受験熱は高いんですか。

佐藤 コミックの『二月の勝者』（小学館、２０１８年〜２０２４年）は累計３００万部を超えるヒットになっています。首都圏限定の現象だけど、保護者が『二月の勝者』をマニュアルとして読んでいます。

古谷 それ、まだ私は読んでいないです。

佐藤 『二月の勝者』によると、合格の秘訣は、「父親の『経済力』」と「母親の『狂気』」です（笑）。

古谷 『ドラゴン桜』（講談社、２００３年〜２００７年）みたいな。

佐藤 『ドラゴン桜』よりももっとリアリズムに徹しています。

古谷 私は実は中学受験——北海道教育大学附属中学校——したんですけど、失敗しました。

佐藤 中学受験は、くじ（抽選）もありますよね。入り口でくじを引かせるタイプと、出口でくじを引かせるタイプの２種類です。

古谷 私は確か入り口のくじには当たったんですけど、落ちてしまいました。

佐藤 運をうまく使えなかったということですね。いずれにせよ、早いうちに、人生には運

があるっていうことに気付くのは良いことです。

古谷　せっかくくじに当たったのに、不合格だった私はとんでもない人間でした。

佐藤　いやいや。中学受験は、親の情報と合理的受験準備の話だけです。中学受験生は、思春期前でまだ自我が十分確立されていないから、基本的に親と二人三脚じゃなきゃ十分な受験対策ができません。一般には、母親が張り付いてやらないとっていう状態です。

古谷　なんか嫌なシチュエーションですが、理解はできます。

佐藤　お母さんが常に切羽詰まって張り付いていないと、知識が身に付かない。

古谷　やっぱり中学受験の過熱っていうのは先生は否定的な立場ですか？

佐藤　この学校に行きたいって、志望校が決まっている場合はいいと思います。問題は、とりあえず偏差値を上げて、一番高いところに行かせようっていうパターンです。

古谷　なるほど。

佐藤　それから、もう一つの問題は、今の中学受験では、理科・社会ではかなり高いレベルの知識が重視されて、高校2年生程度のレベルまで必要とされる。

古谷　そこまで進むのですか?

佐藤　あと国語もです。都立の高校入試や中間層の私立の大学入試より、中学受験の試験の方が難しいっていう場合もあるくらいです。ひと昔前の鶴亀算とかじゃなくて、高校までの先取り学習になってしまっている。

古谷　私の周りでも中学受験した子がいます

けど、第一志望の学校に合格して、最終的な進路は……。

佐藤 鳴かず飛ばずでしょ。

古谷 そうなんです。例えば私が失敗した教育大学附属中学校って、当然国立だから内部進学というものはないですから、中学3年、高校3年で2回受験の洗礼を受けるわけです。だからくだんの附属中出身の子が、私の高校にはそこそこいたんですよ。結局、高校で伸び悩んでしまうようですね。中学受験の時にはハイスコアをたたき出したはずなのに、大学受験ではそういうわけでもない。劣等生というほどではないにせよ、普通です。中学受験に力を入れ過ぎて、疲れてしまうんでしょうか。

佐藤 同志社大学の元学長・松岡敬先生は金属がご専門なんだけど、こんな話がありました。偏差値を上げるっていうのは、金属の刃の焼き入れだと。焼きを入れると刃は切れるようになるけれど、もろくなると。

古谷 確かにパキっと折れやすくなりますね。

佐藤 **受験を繰り返す過程で人間がもろくなる**んです。最後までホームランを打ち続けられる子なんて1万人に1人くらいなものです。受験で勝ち続けるのもこれと同じです。

古谷 それは親の世代でも分かっていることだと思いますが、なぜそこまで中学受験にこだわるのでしょうか。

佐藤　それは有楽町駅前など有名な宝くじ売り場で行列ができるのと同じだと思います。

古谷　並べば当たるかもしれない。

佐藤　買う人が多いから、当たることが多いだけのことです。一番お金を失わないのは、宝くじを買わないことなのに。

古谷　確かにうちの親も宝くじを買っていました。買わなければ当たらない、と。何か通じるものがありますね。ある種の愚かさですけれども。

佐藤　受験しなければ合格しない、と一緒です。ただし、受験で身に付けた知識自体は有効だし、無駄にはならない。だけど、コストパフォーマンスが悪いと思います。

古谷　高校からでも十分だと。

佐藤　十分です。それから東京を出て、公立学校の教育が優れている地域に行くっていう方法もある。私が知っている範囲では、今なら埼玉、千葉、静岡、石川、富山、福井、そのあたりは公立が充実しています。

古谷　十分ですよね、地方の公立中学校・高校で。今これを読んでいる読者の中で、子弟の受験を考えている親がいるとすれば、ぜひ参考にしていただきたいですね。

■

■人生の支えとなる出逢い

古谷　私は大学生の時から佐藤先生の本を読んできました。『十五の夏』（幻冬舎文庫／上下巻、2020年）、『先生と私』（幻冬舎文庫、2016年）、『友情について　僕と豊島昭彦君の44年』（講談社、2019年）のような、若い時に人生のメンターになる人との出逢いや旅はうらやましいです。

今回の対談に当たって改めて、先生の『十五の夏』を読みました。とても面白かったです。

佐藤　50代になってから記憶を再整理したので、読みやすくなったのかもしれません。連載を基に単行本化したもの（その後、文庫化）で、当時、出逢った人たちから連載時に連絡があったりして、大体の場所は大丈夫だったのですが、時系列とか、細かいところで私の記憶が違っていたところなどは、単行本や文庫にする際に直しています。

古谷　佐藤先生は1975年に東欧・ソ連圏大旅行をされておられますよね。実に私が生まれる7年前であります。詳細は『十五の夏』に書かれておられますが、これが節目ですよね。

佐藤　そうです。ただし人生の節目はいくつかあって、大学生、大学院生の時の学生運動の経験も大きいです。大学院に入った時に、同志社の「田辺町移転粉砕闘争」で入学式に学生たちが乱入したら、大学が機動隊を入れて、神学部でも1人捕まったんです。他学部の逮捕された10人は完全黙秘で頑張っているのに、そいつ1人がペラペラしゃべっている。神学部の先生に私が呼び出されて、「あいつは自白すると思う。そうなるとリンチに遭う。しかし教員である私たちの手から彼は届かないから、お前たちが彼を守れ、あいつがどうしようもないやつだったとしても、神学部で一緒の仲間なんだから」と言って財布から5万円出して私に渡してくれたんです。救援で弁護士とかいろいろとお金かかるからと。神学部の他の先生たちにも話をしておくから、君らでお金をもらってきてくれと。

それが野本真也先生（後の学校法人同志社理事長）なんだけど、普段はこっち側は、教授たちを怒鳴りつけたりとか、この野郎とか言っていたにもかかわらず、野本先生がこういう対応をするのは、駆け引きではなくて、人間性というのはこういう時に分かるんだなと思いました。そういう意味で学生運動はその後の人生の予行演習の場でもあったなと、今になって思うんです。

古谷　時代を感じさせるお話です。私の大学時代——ゼロ年代——には民青（日本民主青年同盟）に入った学生がごくわずかにいたくらいで、その素行も至極おとなしいモノでしたから。勝手に構内でビラを配って停学処分とかそんな感じだったのを覚えています。圧倒的大多数の学生からは「何か暗くて気持ち悪い人」という認識でした。際立った政治活動なんて皆無に近かったですよ。ところでその人は結局、助かったんですか。

佐藤　助かった。その後、損保会社に就職して、今でも幸せな市民生活を送っている。一方、完全黙秘した人たちの中には、最後に首をくくって死んだ人もいる。そうやっていろんな人を見てくるでしょ。後に私は、ソ連崩壊とか、[3-1]モスクワ騒擾事件とかを見るんですけど、何か既視感がありました。大学時代の「小宇宙」で起きたことが繰り返し現れてくるような気がして。

　われわれの世代の大学生は、「シラケ世代」とか「新人類」とかいわれているのですが、私がそれと違うのは、学生時代の原体験が違うからだと思う。

古谷　いやあ本当に面白いです。逆に言えばそういった時代を経験してみたい。ちなみに私の世代は、神戸の酒鬼薔薇聖斗事件の影響が決定的で、当時マスコミなどが「キレる14歳」と喧伝《けんでん》しました。１９８２年から１９８３年生まれの世代です。報道を額面で受け取ったシニアから、キレたら何をするか分からない、ひいては何を考えているか分からない不気味な犯罪者予備軍、みたいに言われたこともありました。もちろん、キレて人を刺したり、まして殺《あや》めたりする同級生なんか１人もいなかったですけど。とはいえ私と同年の１９８２年生まれの人間が世を騒がせる重大事件を起こしていることは事実ですが、統計的に言えば有意ではないでしょう。誤差ですね。

　私はそうした「娑婆《しゃば》の中の懲りない面々」みたいな人々との出逢いはありませんでしたが、

その代わり文学・漫画・映画などの作品が私の精神世界と人格構成を助けてくれました。

佐藤　それも創造的世界との出逢いと言えますね。

古谷　私にとっての「節目」は明確でありまして、すなわち中学校2年生の終わり頃ですね。西暦で言うと1996－97年です。14歳の頃に『新世紀エヴァンゲリオン』（庵野秀明監督、1995年）に出逢いました。

これは日本の戦後アニメ史の中では決定的な意味を持つわけです。1974年の宇宙戦艦ヤマトの第一次アニメブーム、1979年のガンダムの第二次アニメブーム――実際にこの2作品の大ブーム形成は、テレビ再放送などを経て数年を要する――に続く、「エヴァ」による第三次アニメブームが起こったのが1995年の後半から1998年前半にかけてだったのです。このブームが最も苛烈だったのはエヴァ旧劇場版が公開された1997年3月と7月です。札幌・すすきのの映画館――東宝公楽（現在は閉館）――に前日深夜から12時間近く並んだ経験は今でも鮮明で忘れられません。この時エヴァに濃厚接触したことが、私の人生を180度変えました。

3―1　エリツィン大統領と議会の反大統領勢力が対立し、1993年10月武力衝突を起こす。大統領はこれを鎮圧し、新憲法を制定した。

エヴァは映像の持つ凄まじい破壊力（圧倒的演出力）を全身で体感させてくれたばかりでなく、文学、宗教、心理、歴史、哲学などありとあらゆる人文系統への門戸となる要素を持った作品でした。エヴァに出逢ったことで私は本格的に純文学を読むようになりました。エヴァの登場人物の中にサブキャラではありますが鈴原トウジと相田ケンスケというのがいるのですが、これは監督である庵野氏が村上龍氏のファンだったことから名付けられたもので、具体的にいうと『愛と幻想のファシズム』（講談社文庫、１９９０年）の主人公らからの引用です。これをきっかけに私は以後熱心な村上龍信者になります。

エヴァの登場人物はほぼすべて旧日本海軍の艦艇から命名されており、これも旧軍への理解を促進しました。今考えるとそこまで深遠な意味はないかもしれませんが、旧約新約聖書からのオマージュが作品世界を構成しており、エヴァに出逢ったのがきっかけで私は中学生の時に初めて『旧新約聖書』を読むに至りました。懐かしい思い出です。

結果的にはこれが人生の大転換でした。私は物理的な大旅行などをしなかったのですが、エヴァとの接触は不可逆的で決定的なインパクトがありました。

佐藤　なるほど。私の仕事場の一つは箱根・仙石原にあります。未来の首都ですね（『新世紀エヴァンゲリオン』の設定の中で、仙石原には「第3新東京市」が置かれている）。

古谷　エヴァの庵野監督がおそらく『ゴジラVSビオランテ』（大森一樹監督、１９８９年）に影響を受けたせいか、ゴジラと遺伝子操作された植物怪獣・ビオランテの決戦場が箱根だったものですから作品世界では箱根が舞台になったんでしょうね。保養地、別荘地としてのイメージが強いと思いますが、私の中で箱根は間違いなく第3新東京市です。そういえば箱根にはエヴァの公式キャラクターグッズショップがありました。

◘Fラン大は絶対に必要◘

古谷 先生には大学教育について少し突っ込んでお伺いしたいと思います。最近では国立大学法人の学費値上げについても検討されています。賛否がありますが、こちらはどう思いますか。

佐藤 今の制度なら値上げすべきと思います。経済的に厳しい家庭出身者は個別に支援すればいいと思います。あるいは抜本的に制度を改めて完全無償化することです。ただし、高等教育の内容を習得できない者は卒業させない。大学生がアルバイトをしている余裕はなくなります。

今、高校進学率98・7%、大学進学率は57・7%（文部科学省「令和5年度学校基本調査」）。今後、一部の大学が事実上の専門学校化してくるかもしれません。

古谷　いわゆるＦランク大学は全部なくせという議論もありますが。要するに日本には特に、誰でも入ることができるような零細の私立大学が多過ぎると。そのせいで全体の大学教育のレベルが下がっているんだと。そういう論調ですけど。

佐藤　地方の誰でも入れるような私立大学はとても重要です。地場の産業の労働者を養成するのは、こういう大学だからです。

古谷　確かに地元志向ですよね。規模が小さいところが多いですから。

佐藤　そこに大学という名前を付与していますけれど、米国ならコミュニティカレッジに相当します。高校までの勉強に取りこぼしがあるから、そこで中等教育までの力を付けて、社会に出てから電卓を打ったり、マニュアルを読んだりできる労働者を育てる。だから、Ｆラン大、ＢＦ[3-2]（ボーダーフリー）大学はすごく重要な役割を果たしている。あそこで中学までの教育を着実にやり直すことによって、地場の経済が回っているんです。

古谷　Ｆラン大学の講義で、分数や割り算の授業がなされていることが問題視され、文科省などが大学教育にふさわしくないと言及したことに共感する向きもあります。私は別に良いと思っていますが。**基礎的な学習内容を忘れることはティーンの時にはよくある**話ですので。

佐藤　私もそう思います。だって、教育困難高校の生徒でアルファベットのＨとＮとＭの区別がつかない生徒がいます。こういう高校ではアルファベットが読めない生徒が少なからずいるので、英語教育が成り立ちません。私の知り合いの高校教員は、高校3年生が奇数と偶数の違いが分かっていないことを知って思い悩んだと言っていました。

古谷　それで生徒は高校を卒業できるんですか。単位が取れないのでは？

佐藤　卒業はできます。大学にも結構入っています。私の高校時代の同級生だったベテラン教員によれば、生徒本人が精神的な問題を抱えていることもあるけれど、保護者が学校に敵対的で、メンタルに何かを抱えているケースが多いという話でした。

古谷　ああ、確かに。なぜか同じような学力で入学したのに、全く落第生みたいな子、いましたものね、高校時代に。私もそうだったかもしれませんけど。1年生で退学する子も若干いましたもの。

佐藤　まさに**ＢＦ大学は最後の砦《とりで》として社会に出す教育を担っている**わけです。

古谷　なるほど、確かにそうですね。そう考えると大いに存在価値がある。

佐藤　ところで、商業高校、工業高校とかは授業崩壊するような教育困難校になりにくい。最初から目的を持って、資格や技能取得を目指しているからです。今、商業高校ならデータサイエンスが必修になっていて、日商簿記2級も取って、企業価値の計算もできるし。工業

3―2　不合格者数が少なく、偏差値の判定が難しい大学のこと。

高校なら電気工事や自動車整備のノウハウが身に付く。それから農業高校ならバイオの知識が身に付く。そういうところは普通科よりきついと言って、勉強が好きでない中学生はあえて普通科高校に進学します。

古谷　非普通科高校は授業スケジュールがスパルタ的で、学生生活がきついイメージがあります。

佐藤　でも仕事で必要なノウハウは身に付く。そうでない普通科出身者の仕事に向けた教育をするのが、専門学校とBF大学です。だからBF大学はすごく重要なんです。BF大学がないと地場の産業が成り立たなくなります。

古谷　一方で、専門学校（専修学校）ではない無認可校（教育施設）、例えばアニメーション学校や声優学校など、学校によってはかなり人気のようですが、これらはいかが思いますか。もちろん教育の質はピンキリだと思いますが。

佐藤　こういう学校もとても重要です。目的のはっきりしている人しか行かないから。それで、合わなければすぐ中退する。講師陣もそれが分かっているから、授業の質が高くなります。実用性のないことは一切やらない。資格系の予備校も同じで、生徒の評判と実績が大事だから緊張感があります。だから、短期的な目標に向かって進むにはよいと思います。■

4

カルチャーが映す社会の深層

趣味を超えた先に見えるもの

■映画に魅了されて

佐藤　古谷さんは大学の頃に映画の世界にも足を掛けていましたね。

古谷　大学でリア充になれなかったことがショックで、大阪の映画の専門学校に行きました。映画監督になろうとして。

佐藤　ダブルスクールって時代の最先端じゃないですか。

古谷　そうなんですよ。今は珍しくないですけど、当時は大学に籍を残したまま、旧・大阪写真専門学校、ビジュアルアーツ大阪（現・専門学校 大阪ビジュアルアーツ・アカデミー）に行きました。ここは関西では最も伝統的な映画の専門学校です。ビジュアルアーツ大阪には夜学があり、社会人コースが存在しました。河瀬直美を輩出した、と言うと少し映画に詳しい人はピンとくるかと思います。大学生活よりむしろ私はここが一番楽しかったですけどね。

佐藤　なるほど。

古谷　監督よりもカメラマンになる人が多かった――どの道を通ろうとも、最初はほとんど皆、カメラマンですが――ので、特に露出関係はかなりたたき込まれました。今のカメラは露出とか勉強しなくてもオートで十分きれいな絵が撮れます。でもそれでは駄目だということで、とにかく光量についての科学的な理論と実技をやりました。セコニックという露出計を使って、あらゆる場所の光量を図りまくって、絞りとシャッタースピードを決めていく。慣れてきたらセコニックなしで、頭の中でおおよその露出を仮定して意図した絵を撮れるように訓練していくのです。もちろん色温度も重要です。偏光フィルターを用いないで、例えば「北野ブルー」みたいな絵を撮れるようになるわけです。デジタルに頼らないで、絵の感覚を身体に刻んでいく作業は楽しいものでした。当たり前ですが基礎を徹底的に教えられて、そこは面白かったですね。

佐藤　なるほど。作家活動に入っても、すごく生きてますよね。

古谷　そうですかね。でも言われてみればかなり生きてるかもしれません。

佐藤　全般を見渡すっていうことと、世の中はある種の演出によってつくられているものなんだっていう見方ができますよね。例の古谷さんが書かれた小説『愛国商売』（小学館文庫、2019年）でも分かるんですけど、本物の偽物をデフォルメしちゃおうといういたずら心がありますね。

古谷　物書きになるなんて全然思わなくて、中学生くらいから映画少年だったんですよ。それで日芸（日本大学芸術学部）か大芸（大阪芸術大学）に行きたかったんですよ。大芸ってのは庵野秀明監督の通った美大ですから。当然、「お前は北大[4-1]に行く」の親がそれを許すわけがなかったので、立命館に行ったんですけど。いまだにキューブリックが大好きで。あのシンメトリックの映像美！『シャイニング』（米国、1980年製作）に出て来るホテルの廊下のショットとかたまらないですね。彼の作品はすべて観て、愛蔵版DVDボックスも持っています。キューブリックは、最初は写真家だったんですよね。

佐藤 古谷さんも最初は写真科で勉強したんですよね。

古谷 そうなんです。だから写真方面でもよかったんですけど、写真技術の応用——つまり1秒間に24コマの写真の連続——が映画とすると、映画もよいかと。そこで、結局ダブルスクールして1年間映画の編集とかやりましたけど、結局中途半端で大学に戻って来るんですけどね。

佐藤 大学は何年おられましたか。8年？

古谷 7年ですね。

佐藤 逆に7年いて、蹴っ飛ばさないってすごいよね。

古谷 中退も考えたんですが、親の方から猛烈な反対がありまして。卒業してもらえなければ困ると言われまして。当時私も仕送りをもらっていた身だったので、これには抵抗できませんでした。

佐藤 そこは親孝行だったんだ。

古谷 親のこと大嫌いですけど、親孝行だったんです。

佐藤 なるほど。それで、映画の原点っていつ頃ですか？ 小学生の頃？

古谷 小学生ですね。確か7歳の時、機動戦士ガンダムのキャラクターデザインで知られる安彦良和さんが原作漫画を描き、そのまま監督して1989年に公開された『ヴイナス戦記』です。大作映画の割には興行的には振るわず、2019年にようやくブルーレイになりました。その時は、父に連れられて札幌の劇場で観て……、なぜ父がそれに連れていったのか全然分かりませんが。

佐藤 重要なきっかけをお父さんがつくったわけですね。

古谷 ヴイナス、つまり金星に氷彗星が衝突して人間が住めるようになった近未来に、金星に植民した人類同士の国家戦争をテーマにした作品です。今思えば世界観や人物設定の大枠には『AKIRA』（大友克洋監督、1988年）とか『メガゾーン23』（石黒昇監督オリジナルビデオ、1985年）の影響が見えるのですが。当時としては最先端の技術——実写との合成——を駆使したアニメ映画で、演出と軍事描写に心が震えたんです。

佐藤 私が父に連れられて行ったのなんて、東宝8・15シリーズの『連合艦隊司令長官 山本

4―1 スタンリー・キューブリック（1928〜1999）。米映画監督。代表作に『突撃』『スパルタカス』『博士の異常な愛情』『2001年宇宙の旅』『時計じかけのオレンジ』『アイズ ワイド シャット』など。

五十六』（丸山誠治監督、1968年）とか、戦争映画ばかりでした。

古谷　渋くて良い映画じゃないですか。

佐藤　このシリーズは最後の方の作品で戦闘シーンが予算不足になってしまうのだけど。逆に戦闘シーンで良いのは『戦争と人間　第三部　完結篇』（山本薩夫監督、1973年）です。ソ連軍が全面協力。最後のノモンハンのところは本当の戦車T－34が出てきます。もっともこの戦車はノモンハン事件当時は使用されていなかったのですが。ソ連軍に日本軍が圧倒されていくシーンです。

古谷　それ観ます。

佐藤　最後はソ連のプロパガンダが出て来る。国境線で、ソ連軍は日本側に入っていくことができたけれど、そうしないで国境紛争にとどめたと。ソ連がいかに道義性があるかを言いたいがために、ソ連軍は協力したんだと思います。逆に日本軍は、責任を取らせるために自殺を強要するなど残酷なラストになっています。

古谷　先に言ったキューブリックの傑作『突撃』（米国、1957年製作）みたいな話ですね。

◘ 戦時中の日本映画3選 ◘

古谷　日本の戦時中に作った映画って面白いのありますよね。円谷（特撮）の『ハワイ・マレー沖海戦』（山本嘉次郎監督、1942年）なんてのは有名ですが、海軍省がフィリピンで接収した『ファンタジア』（米国、1940年製作）に衝撃を受けて、日本でもアニメ使ってプロパガンダできないかと考えた。そこで作ったのが『桃太郎の海鷲』（瀬尾光世監督、1943年）『桃太郎　海の神兵』（瀬尾光世監督、1945年）なわけですが。当時ディズニーと違って、カラーアニメを作る技術はなかったので結局モノクロですけども。

プロパガンダ映画ですけど、人間愛が溢れていて、特に「神兵」は動物たちが「アイウエオの歌」を合唱するシーンで泣いてしまいました。あの手塚も空襲後の大阪の焼け残った映画館でこれを観て感銘を受けたそうです。監督の瀬尾光世氏が戦後にインタビューで、「国策映画の制約の中で、アニメの素晴らしさ、友愛の素晴らしさ、普遍的な人間愛をふんだんに取り入れた」みたいなことを言っていました。本当に素晴らしいアニメ映画です。

佐藤　『開戦の前夜』（吉村公三郎監督、1943年）なんかも、いいと思う。憲兵隊が活躍する映画。俳優の上原謙が憲兵司令部の少佐役です。いよいよ開戦が近づいた時に海軍から連絡が来て、「外国人は、絶対に関西方面にやるな」と。

古谷　入り鉄砲に出女、ならぬ。

佐藤　開戦だから人の動きを制限する。アメリカ大使館にノックスっていう非常に頭の切れる大尉がいて、「どうも日本の様子がおかしい」と。それで、「もしかしたら対米戦を仕掛けるのかもしれない」と主張する。「宮島（広島県）に行けば全て分かる」と。広島に日本の軍艦がいなければ、すでに対米戦争に向けて出動していることになる。そういうふうに推察していくわけです。

古谷　その時、聯合艦隊はすでに、択捉のヒトカップ湾に向かっていた（笑）。

佐藤　憲兵司令部がノックスの行動表を調べてみたら、どうも赤坂の芸者と付き合ってるようだと。それで、芸者に協力を依頼して、ノックスがクーリエ（外交官業務）で西に向かう絶体絶命のところで……という内容です。

古谷　へー。そうなんですか。

佐藤　それから『間諜未だ死せず』（吉村公三郎監督、1942年）も面白いです。重慶の無差別爆撃から始まるの。それで中国人が逃げ惑い、殺されていくシーンを長々と映します。

古谷　えっ。それを日本が作ってるんですか？　重慶爆撃を描いているのって、東京裁判の検察側証拠になりませんか？（笑）

佐藤　そう、そういう内容です。国策映画ですが、重慶爆撃でスタートしているわけ。重慶の蒋介石の諜報部隊から指令を受けた中国人スパイが日本に来て、英米の諜報活動の一翼を担う。そのスパイは、日支の提携に力を尽くした日本人学者の家に住み込むけど、その人が非常に人格者でね、中国民衆のことを真摯《しんし》に考えていると。それに対して、蔣介石が指令を受ける英米は中国の植民地化を考えている。主人公（スパイ）はそこのところにだんだん気付いてくるわけです。

古谷 重慶爆撃による中国人の遺体写真は捏造だ、とか言っている人に観てもらいたいですね。

佐藤 確かにそうですね。国策映画でも史実に忠実です。映画に話を戻すと、主人公は協力できないってなって、イギリス人からひどい拷問を受ける。最後開戦直前のところで、日本の憲兵隊がこのスパイ網を摘発する。

古谷 それ、結構面白いですね。

佐藤 重慶爆撃での反日感情もある中で、日本に行ってみたら、帝国主義国との闘いの中で日本はアジアの解放でこういう手段を今取らざるを得ないという構造に気付く。英米と蔣介石の方に問題があるんだ。それにだんだん気付くと。で、現象面の空爆だけを気にしてたらいけなかったんだと。

古谷 なるほど、なるほど。

佐藤 あと、『敵機空襲』（野村浩将 他監督、1943年）っていう国策映画もあります。

古谷 いやあ、知らないです。

佐藤 この『敵機空襲』っていうのは、実はアメリカがね、ミッドウェー島に新基地を造って、新型爆撃機を置く。ところが、日本の防空体制は不十分です。

古谷　実際は、サイパン、グアム、テニアンですね。

佐藤　だから国民は防空壕を掘ったりとか、避難体制をつくったりとかする。さらに疎開をしないといけない。ところが防災訓練といったって、金持ちは金一封とかを渡して実際は出て来ない。機に乗じて土地を買いあさって金儲けをするやつも出て来る。とんでもない日本人が少なからずいます。

古谷　西武の堤会長――戦時中に、空襲で更地になった都市部の土地を買い占めて、戦後、大土地成金となり鉄道開発やホテル事業などで知られる西武グループの始祖となった――みたいなのが出て来るんですね。

佐藤　そうです。他方で、国のために一生懸命働く人もいます。そういったいろいろな人がいるわけです。ついに帝都を米軍が空襲する。日本は戦闘機隊が出て戦って、最後は体当たりまでして、何とか全滅させる。ところが、アメリカは物量があるから第2陣が飛んで来て。それで銀座の服部時計店とか全部破壊され、下町とかは火の海になる。後の円谷プロの特撮で迫力があります。

古谷　それは何年に公開されたんですか？

佐藤　昭和18年4月。

古谷 東京大空襲の2年前ですね。それには、ドゥーリットル空襲[4-2]とか出て来るんですか。

佐藤 そうそう、ドゥーリットル空襲で子どもが殺されて、同級生の作文とか出て来る。

古谷 ああ、やっぱり出て来るんですね。でも本当の悲劇は、そこからじゃないですか。

佐藤 だから、国民が協力をしないと、このままでは東京は焼け野原になるぞという。

古谷 なんか凄い予言的な映画ですね。ただ、それって逆に戦意、抗戦意欲が減衰しませんかね。

佐藤 戦意高揚にならないように思えます。

古谷 何で日本は、ワシントンを爆撃するみたいな映画を作らなかったんでしょうかね？

佐藤 確かにそうですね。基本的に日本人の発想が受動的だからと思います。

古谷 不思議で仕方がないですよ。戦後の架空戦記の方が、よっぽど派手なことをやってますよ。何で戦時中に、そういうのがなかったんだろう。

佐藤 富嶽（『大逆転！幻の超重爆撃機「富嶽」1 アメリカ本土奇襲編』光文社文庫、1998年）みた

4—2 1941年（昭和16年）12月の日本海軍による真珠湾攻撃への報復として、ルーズベルト米大統領は日本側に心理的動揺を与える作戦を命令。米陸海軍は翌42年4月18日、太平洋上の空母ホーネットから陸軍爆撃機B25を発進させ、日本本土を奇襲攻撃する合同作戦を発動。指揮官にジェームズ・ドーリットル中佐を起用した。16機のB25編隊は東京や川崎、横須賀、神戸、名古屋などを空襲、中国大陸などに離脱したが、不時着後に8人の搭乗員が日本軍の捕虜となり、3人が処刑された。

いな話ですか。

古谷　そうです（笑）。檜山良昭の大逆転シリーズって、富嶽を量産してポートモレスビーに逃げたマッカーサーを爆殺して、ロスアラモスの原爆施設を爆撃して、しかも欧州戦線まで長距離飛行してノルマンディーに上陸した連合軍を蹴散らしてますからね。やりたい放題ですよ。私の一番好きな架空戦記シリーズです。それならば、戦時中にロサンゼルス爆撃とか、そういう映画を国策で作ってもよかったのにって思う（笑）。何で作らなかったんだろう。不思議なんですよね。そういう想像力があったはずなのに。特撮だって何だって、できるはずなのに。ハワイ占領とか。ちなみに大逆転シリーズでは当然、ハワイ占領はおろか西海岸に日本軍上陸してますが（笑）。

意外な北朝鮮作品

佐藤　日本では北朝鮮語のみの映画作品は意外と観ることができないんです。日本語版があるものとしては、例えば、『太陽の下で』（北朝鮮 他、2015年製作）がいいです。

古谷　ドキュメントですよね。都内の劇場で観ました。西側のメディアクルーが、平壌などで隠し撮りをした動画を編集したのですよね。西側の人間がいなくなった途端に、市井の平壊市民に党中央の役人から演技指導が入る。ちょっと笑っちゃいましたが、めちゃくちゃ面白かったです。まさに劇団北朝鮮。ラストがぞくっとしました。

佐藤 あれで北朝鮮の怖さが分かりますよね。あとは『花を売る乙女』(北朝鮮、1972年製作)って観たことありますか?

古谷 残念ながら、ありません。

佐藤 地上波ではやらないと思うけど、子どもが地主にいじめられて目が見えなくなったりする。日本はひどい描き方をされているけど、作品としては面白いです。

■小説で感じる世代経験■

佐藤 古谷さんの家は、本がたくさんありましたか。

古谷 あったことはありました。ただし総花的な感じで、「中産階級の家庭では書架にあって普通」といった、司馬遼太郎の文庫本ですとかね。そういったものがちらほらある感じでしたが、私が好きな本格的な人文系のものはあまりなかったですね。司馬はほんの少し置いているが、吉本隆明や大江健三郎、丸山眞男は置いてない、といったような。網野善彦なんて全くなかったです。あくまで「物語」としての雑な歴史本があるだけです。マルクスやウェ

ーバーもなかったです。社会科学の本がゼロだったので、自分で図書館に行くしかありませんでした。とはいえ、ごく普通の本棚だった気がします。

佐藤　私のうちにはね、本は二、三十数冊くらいしかなかった。父も母も「小説などを読むのは恥ずかしい」という感覚があったんですよね。それで置いてある本も「ラジオ技術教科書」とかです。戦時中、父は航空隊にいたから飛行機の本です。「日本軍用機の全貌」とかいうような。だから家に本がたくさんある家はうらやましかったですね。

古谷　うちもそうでした。小説は全くありませんでした。父は地方公務員として公立の研究所で研究職に就き感染症系の仕事をしていたのですが、私が興味を持てるような本は全

然なかったです。父親は「小説なんか読んでいるやつはばかだ」「小説はやくざの読むものだ」という訳の分からない価値観を持っていました。

だから自分の好きな小説は中学生の頃から自分で買いそろえました。当時は100円くらいで中古本が買える古書店も近くにあったのでそこを活用しました。このお店は良心的な値付けで本当にお世話になりました。札幌の琴似というところです。今はそのお店も再開発でなくなってしまいましたが。

中学生の時には特に、筒井康隆氏と村上龍氏に薫陶を受けました。

佐藤　筒井康隆さんは私よりもさらに上の世代です。『革命のふたつの夜』（角川文庫、1974年）では学生運動が出て来る。私のちょっと上の世代には、闘争用の角材とか振り回すような雰囲気がまだあって、私たちの頃だと、政治に関心を持つ人たちをばかにするというのが主流でしたね。例えば、つかこうへいの『初級革命講座　飛龍伝』（角川文庫、２００８年）です。

古谷　『革命のふたつの夜』は当時歴史小説みたいな感じで読んでいました。かつての時代にはこういうことがあったのだな、というニュアンスのみで受容していました。「校内暴力」が根絶された私の世代では、とにかく体制に逆らうことをしない、体制に歯向かうことをしない、今の時世を耐え忍ぶ、といった受動的な態度が確固として形成されていました。もちろん例外はあり、教師に食ってかかるような生徒は稀《まれ》にいることはいましたが、すぐに問題になり抑圧されました。学校体制に従順なことこそ優等生であり、より無難な人生を送るために絶対必要なことであるという認識が共有されていたように思います。

村上龍氏の作品の中では中学時代には断然『69』（集英社文庫、２０１３年）ですね。龍氏の分身である高校生の「ヤザキ」が主人公で、佐世保エンタープライズ入港反対に呼応して佐世保北高をバリケード封鎖する半ば青春私小説です。最高でしたね、当時のバイブルはこれとエッセイ『すべての男は消耗品である。』シリーズでした。ちなみに大人になってから『69』の続編『長崎オランダ村』（講談社文庫、１９９５年）を読むと、中年になったヤザキが主人公で、かつてのマドンナと不倫するんですがこっちの方が共感したりもします。

漫画が描く時代の空気

古谷 漫画の方で注目作はありますか。リアル過ぎる日本の下流社会を描いて大ヒットした『闇金ウシジマくん』（小学館ビッグコミックス、2004年〜2019年）なんかは先生の推しですよね。

佐藤 作者の真鍋昌平さんは『闇金ウシジマくん』の世界から、『九条の大罪』（小学館ビッグコミックス、2021年〜）にシフトしてきましたよね。

古谷 離婚した敏腕弁護士がビルの屋上にテント張りながら暮らして、一方で下流特有のヤバい事案を担当していく話。真鍋さんを青木雄二先生に無理やり例えるなら、「ウシジマくん」は『日掛け金融伝』で、「九条」は『ナニワ金融道』かな。ちょっと違いますか。あれ、めっちゃ面白いですね。私も読みました。

佐藤 2巻目は推薦文を書いたので、僕はゲラで読みました。

古谷 推薦文のことはもちろん知ってます！　ゲラで読めるとは……うらやましいです。実は私は小学館から出ていた「ウシジマくんセレクション」というコンビニ総集本の解説をずっとやっていたのですけど、しかも延々とコマの構図について語るという異色の解説でしたが、残念ながら真鍋さんとは会ったことがありません。しかし『九条の大罪』はいいですね。助手も好きです。

佐藤　でも、同じ作者でも『闇金ウシジマくん』とは形が違いますね。

古谷　よりアップデートされた気がしますね。

佐藤　例えば、タクシー運転士の位置付けも、『闇金ウシジマくん』のシリーズの時は社会的には低いという位置付けだったわけじゃないですか。近年ではそうじゃないですからね。

古谷　この間に貧困や下流社会の潮流も変化していますからね。「ウシジマくん」の時なんかは日本版ライドシェアが実施されるなんて誰も予想してませんでしたし。

佐藤　『九条の大罪』で介護施設を扱ったというのはうまいと思いますね。『闇金ウシジマくん』の争い以外の新しいところといったら、やはり介護施設ですよ。

古谷　「ウシジマくん」にも介護はちらっとありましたけどね、まるまる一話での題材にはなってなかったですね。「介護の仕事に行っている」みたいな描写があるだけで。

佐藤　介護の人口も増えてきて、社会的に意味があるということで、そこで悪巧みをして金儲けしてると。

古谷　ところで、先生は国民的漫画となった『鬼滅の刃』（集英社ジャンプコミックス、2016年～2020年）って読んでます？

佐藤　まだ最初の方だけです。アニメでチャレンジして疲れたから、漫画の方を読み始めた。
古谷　どう思いました？
佐藤　鬼ものなら、『約束のネバーランド』（集英社ジャンプコミックス、2016年〜2020年）の方が面白かったです。
古谷　先生、全く同じ考えです。ほぼ同じ時期に週刊少年ジャンプで連載されていた『約束のネバーランド』の方が秀逸で、完成度が高くて好きです。脱獄から始まる緊張感がたまりません。本誌では当初「鬼滅」よりも「約ネバ」の方が人気がありましたから。
佐藤　ちょっと予想と違ったりして、ストーリーがよく練り込まれているよね。鬼滅との違いでは、鬼滅は最後に頼れる家族・きょうだいがいる。
古谷　そうですよね。約ネバは、そもそも孤児だから家族いないですし。
佐藤　きょうだいに帰結するところが良かったんじゃないかな。頼れるものは家族しかない。
古谷　**家族の描写が色濃い**ですね。最近あんなに強く兄弟・姉妹を描いたものはないかもしれない。『ONE PIECE』（集英社ジャンプコミックス、1997年〜）も疑似家族の話と言えばそう。大体、少年漫画では兄弟・姉妹って反目する関係ですが、「鬼滅」はひたすらきょうだい愛。
佐藤　ただ、鬼滅が国民的ブームになって良かったのは、人畜無害なところです。そこが一番評価すべきです。現在、**大体、影響力を持つものって有害**ですから。

古谷　確かに「鬼滅」は無害ですね。構図が単調ですが面白くないというわけでもなく、読者に民主主義を考えさせる『国民クイズ』（太田出版、愛蔵版・2023年）のような深みも一切ありませんから。

佐藤　首が切れたりする割には無害です。

古谷　なかなか鬼の首は切れないんですけどね（笑）。

カルチャーは国際問題を解決する？

古谷　日本のアニメ・漫画などは世界でもファンは多く、かなり赤字が累積して問題になっているクールジャパン機構などが政策で後押ししていこうとかやってますけど、文化接触が良い方の対日感情に寄与するとお考えですか。

佐藤　そこのところは、私はあまり関係ない感じがします。アニメがいくら普及しても、それで日本に対する対日感情が改善することにはならなくて、アニメの世界の話とそれは別ということになると思います。例えば、韓国のＫ－ＰＯＰが日本で流行して、韓国のドラマが観られるようになったって、それですぐに日韓関係が改善するわけじゃないですからね。

古谷　その通りですよね。遠藤誉さんが『中国動漫新人類』（日経BP、2008年）という本で、中国の若者に対する日本動漫（アニメや漫画）の受容を詳しく描いているんですけれども、本当に中国の若者の日本文化の受容は濃密です。しかし、それがイコール日本という国家への評価には直結していない。考えてみれば当たり前の話なんですが、コンテンツの受容と母体国の評価は別ですよね。ディズニーが世界中で受容されているから、アメリカの評価はいいのかというと違う。そもそもグローバルに展開されるコンテンツって無国籍性を強調します。さらに言えばディズニーは1990年代から、『ムーラン』（1998年製作）を筆頭に、『ポカホンタス』（1995年製作）『モアナと伝説の海』（2016年製作）、リメイク版の『リトル・マーメイド』（2023年製作）など、主人公に非西欧系が目立ちます。コンテンツの人気＝生産国への思慕は幻想ということですよね。

佐藤　だから『愛の不時着』[4-3]を観たとかいっても、韓国や北朝鮮に対する感情が良くなるわけじゃない。

4-3　韓国で2019年から20年に放映されたテレビドラマ。韓国の財閥令嬢がパラグライダーで北朝鮮に不時着してしまい、そこで出会った将校の家でかくまわれるところから始まる物語。

ロシアもアニメとか文化的には日本に非常に共感が強いけど、政治的には、若い世代の方が日本に対して厳しい感じがします。政治的に日本に対する共感はほとんどない。

古谷　今ロシアの若い世代も、文化的には日本に親しみを持っているけど、そんなに対日感情が良いわけではない。むしろちょっと厳しめだということですかね。

佐藤　それぐらいの感情だと思う。これ、日本の若い人と似ているんじゃないでしょうか。普段はあまり関心がないんだけども、何か領土のこととかでロシアがけしからんことを言っているのは気に入らない。でも、とにかくみんな自分のことでいっぱいいっぱいということでは、ロシアも日本も似ているかもしれません。自分と直接関係することは一生懸命やるけど、それ以外のことについては真剣に考えない。

古谷　どの国の若者も変わらないようですね。何だか安心しました。

◘

後日談・古谷――佐藤先生「推し」作品に触れて

本書の「おわりに」でも書いた通り、「観ない、読まない、当たらない」は末代までの恥と考え、本書に登場する佐藤先生の「推し」4作の映画について、対談後にDVDにて鑑賞した。その私的感想を書く。幸いなことに、この4作のソフトは平易に手に入る。読者におかれてもぜひ参考にされたい。

『間諜未だ死せず』

冒頭は日本軍の重慶爆撃のシークエンス（ひとまとまりのエピソード）から始まる。重慶市民――女も子どもも――が空襲で逃げ惑う。本書対談で述べた通り、自らの戦争犯罪を自らで宣伝するという強気のムーブだ。昨今の歴史修正主義者（日中戦争は侵略ではなかった）はこれを観たら、ぐうの音も出るまい。この一点を以ても、歴史的価値のある作品。室内での遠近演出、パン（視点を固定し、上下左右に移動させるカメラワーク）の多用なども、おおむね劇的効果に寄与している。編集も適切である。アメリカ側のシークエンスの問題（西欧人を日本人が演じる）は、次の『開戦～』で指摘する通りだが、狭い室内ロケにおいて空間的広がりがある演出を多用しているので、それほど苦にはならない。雨の情景が多いが、当然これはスタッフがホースで画面外からばらまいているのである。自然の雨は、量が少なすぎて当時のフィルム感度では、はっきりと映らないからだ。これも撮影の裏側を考えると、相当な労苦とリテイクを要したであろう。やはりスパイ、防諜のシークエンスは晴れでは駄目で、土砂降りが似合っている。当時の技術水準を踏まえても、現代での視聴に耐えうるレベルに仕上がっている。

（★★★★星四つ）

『開戦の前夜』

『間諜～』の続編的位置づけ。演出は『間諜～』と同じ吉村公三郎である。が、それより1年の差しかないが、戦局悪化がスケジュールにモロに影響したのだろう。急造した印象を受ける。前作より明らかに演出が劣後、雑になっている。しかし見どころは、来る対日戦を想定してスパイ行為を密議するアメリカ側のシークエンス。駐日アメリカ大使館にいる武官（ノックス大尉）役は「ちょっと顔が濃い」という理由で竹内良一（日本人）が演じる。もちろん当時の映画での外国人役はほとんどこんな感じなのだから（ちなみに『マライの虎』〈古賀聖人監督、1943年〉に出てくる南方人は現地人を使っているので、一概にそうとは言えない）、仕方がないと言えばそれまでだが……。して、そこがアメリカ大使館であることを殊更に示す演出が窓の外の星条旗という、トホホ……な演出である。だがこれら低水準の演出を後世代の我々が嘆くことはできない。現在でも、ローマ時代の人間が現代の銭湯や温泉にタイムスリップする作品の中で、当時のローマ人を全員「ちょっと顔が濃いだけの純日本人」で配役しているものもあるからである。だがなんともはや、このノックス大尉のスパイ行為を阻止するために、芸者が身を挺して車ごと海に入水するという愛国精神のくだりは迫真である。「これが男なら金鵄勲章ものですよ」。スパイを阻止した芸者の枕もとで軍医が言うセリフ。結果、真珠湾攻撃は成功するのだが……これでいいのか日本のインテリジェンス?

（★★星二つ）

『敵機空襲』

本書でも述べた通り、戦意高揚が目的であるのに全体的な演出が沈鬱であり、その目的からすると大失敗であろう。住宅の畳を引っ剝がして、防空壕を造るシークエンスがあるのだが、土砂を運搬する手段が住民のバケツリレーという設定になっており、重機の代わりに円匙（スコップ）を使っている。この段階ですでに二重にも三重にも悲壮感が漂っている。米爆撃編隊が日本近海の哨戒網で発見されるのだが、哨戒艇からの対空砲火が全く当たらないで堂々と日本領空を侵犯する。嘘でも一機被弾させるくらいの演出が必要だったのでは……。白眉なのは刻々と迫る米爆撃隊と日本軍迎撃機の空中戦。ここは特撮なのだが、なかなかによくできている。が、本書でも述べた通りこの映画はドゥーリットル空襲後の1943年に公開されたものだ。つまり、サイパン陥落後の日本本土への本格空襲の前である。だから米爆撃機には随伴の護衛戦闘機が存在するという発想がない。要するに米爆撃隊は無防備にその半数が日本側迎撃機に撃ち落され、残り半分が東京に侵入するという設定になっている。そんなバカげた爆撃機の運用があるかい……！　と突っ込みたくなるが、サイパン陥落前なのだから仕方がない。さて東京が盲爆されるのだが、ビルや工場まるごと1棟が次々に吹き飛んでいく。手塚眞監督の『白痴』（1999年）に負けずとも劣らない空襲特撮だ。して米機は2トン爆弾でも積んでいるのだろうか。だとしたら爆撃機は鈍足になり、半分撃破はうなずけるのだが……。ここでもやはりアメリカが焼夷弾攻撃を行うという発想はない。この映画の公開後、2年足らずで東京が火の海になるわけだから、予言的映画ということで大変面白かった。防空意識を涵養《かんよう》する目的は辛うじて果たしているとも言える。

（★★★★★星五つ）

『花を売る乙女』

北朝鮮の国力が絶頂に達していた1970年代初頭に公開された作品。とにかくお金がかかっている。映画としての完成度が高く、「日帝強占期」における日本の搾取により、これでもかと植民地時代の朝鮮が貧しい様（かなりの原始生活）がリアルに描写されている。表情は泥にまみれ、服は汗シミで汚く、髪の毛は栄養不足からか乾燥しきっている。こういうリアルな植民地時代を再現することは現代では不可能であろう。また、注目したいのは心象描写である。貧しさと哀愁と虚無が、北朝鮮の美しい山野のカットを挟むことで劇的に演出されている。日本を恨むという描写は弱く、花売りの少女（コップニ）のささやかな希望で終わるラストは普遍性があり、政治的イデオロギーは極めて弱められている。作品全体の完成度が政治性を凌駕しており、現代にあっても十分な群像劇として機能している。少女の色のない不遇な日常と、対してあまりにも色鮮やかな花束のコントラストが、一層時代の不幸と、後にやってくる「朝鮮の解放＝希望」を暗示している。傑作である。

（★★★★★星五つにプラスしたい）

◆番外編

『二月の勝者』

ちなみに先生がおっしゃっていた漫画で私がまだ未読の本作（89ページ）も読んだ。ハッキリ言って主題は好きではない。基本的に私は「受験産業」というものを虚無と思っているからだ。これは好みの問題であるから本作の評価とは別である。さて漫画作品としての完成度は珠玉である。まずネームが極めて秀逸。学習塾内の教室等という空間的に制限のあるコマが多いが、カメラ角度を俯角、魚眼的にすることにより読者に疲れを感じさせない。空間の制限は漫画的演出でカバーするしかないが、それが非常に成功している。人物の描き分けも巧みであり、力のある作品だと感じた。本作はドラマ化されているが、漫画演出は実写にするとデフォルメや背景省略技法を使いづらくなるので、やはり魅力は漫画の本作であろう。

5 イデオロギーのはざまで

なぜ差別が起こるのか

◘同和問題を直視する

古谷　佐藤先生に、被差別部落問題についてお伺いしたいのです。私は北海道で生まれて育って、京都で大学生をやって、それまで被差別部落＝同和問題――同胞融和（同胞一和とも）の略――のことは全く分かっていなかったということがありました。大学で近世史のゼミに入ってから初めて勉強するようになったのですけれども、被差別部落の運動団体には大きなところでそれぞれ立場の違う部落解放同盟と、共産党系の団体などがありますよね。

佐藤　日本共産党系というと、現在の全国地域人権運動総連合（全国人権連）ですね。以前は全国部落解放運動連合会（全解連）ですが、部落差別は解消されたという立場から名称を変えました。

古谷　そうですね。組織によって、差別部落そのものについての考え方、つまり部落問題は発展的に解消したのか、まだまだ差別解消事業は必要なのかとか、そういった部分が違うと思うんですね。全解連は前者の立場、部落解放同盟はおおむね後者の立場を取るわけですが。実際のところ、私は関西に住んだ時、とりわけ中高年の人の中には一部、まだ根強い被差別部落や被差別部落出身者への差別感情を持っているというようなところがあると感じることがありました。だから被差別部落問題は確かにインフラ的には立派な改良住宅が建ち、公民館が建ち、公園や上下水道などが整備されて解消したけれども、**心理的な部分の未整備はまだある**というのが実際なのかなと。先生はどういうふうに現状を捉えていますか。

佐藤　まず、**差別感情はどういうところで出るかというと、1番は結婚**ですよね。

古谷　結婚相手の出自を気にするシニアは、関西でいますよね。ばかばかしい話ですが事実です。私の京都時代の元カノの母親がそういう人で、私が大学で被差別部落問題のゼミに入っているというと、「親族の婚約相手の男性が被差別部落出身か否か、調べてほしいのだけどできるか」と問われたりしました。もちろん、調べませんでしたが。

佐藤　結婚の時に、そういう問題が出て来るというのは、まだ差別が残っているということですよね。就学差別はほとんど解消しているし、それから就労差別も相当なくなってきたと思います。昔みたいに「地名総鑑」みたいなものを持っているだけで大問題になります。興信所だって出自等で被差別部落かどうかということを調べていることが分かったら、その興信所は多分つぶれます。

古谷　とはいえ、関西の興信所では「身元調査」とだけ書いて、実態は婚約者が被差別部落出身であるか否かを調べる出自調査を行っています。もちろん、表向きは絶対そんなことをしているとは言いませんが。

佐藤　そういう意味で**差別は依然として残っている。**

古谷　やはりそうですよね。

佐藤　それは、恋愛や結婚といった人間の心の問題が絡んでいるところから出ているので、結構根強い差別だと思います。

　それで、何で共産党と解放同盟が分かれたかについては、共産党の内部抗争が関係しています。最初は、解放同盟は共産党の強い影響下にありました。1963年の部分的核実験停止条約の調印に際して、共産党は反対だったんだけど、当時、共産党幹部だった志賀義雄は賛成だったから白票を投じて除名処分になり、それで共産党を飛び出しました。彼は中野重治たちと「日本共産党（日本のこえ）」という分派をつくりました。その志賀たちの有力な支持基盤が大阪の部落解放同盟でした。そういう政治の話で分かれたんです。あともう一つは理論面の違いもあります。要するに、これは先に共産党系の全解連の方から説明すると、現在の部落差別があるのは封建制の残滓《ざんし》だと考えます。封建制、身分制度、士農工商の下に「エタ」「ヒニン」と呼ばれたさらに低い身分の人々がつくられていたという。その結果、近代化が進んでいく中において、これらの人々も国民的融合していくと考えます。融合するのが歴史的法則だということで、現在の共産党は、融合は完成したと言っているんですよ。もはや部落問題は存在しないと。

古谷　共産党は被差別部落問題は「発展的に解消した」という立場を取っています。よって、全解連は2004年に被差別部落だけでない、アイヌや在日コリアンなどのマイノリティや女性、障がい者、LGBTなどの人々の権利擁護を横断的に取り扱う全国人権連（全国地域人権運動総連合）を発足させて、全解連は消滅しています。

佐藤　だから、部落問題が存在するとか、部落問題の調査をやるということ自体が人為的に部落問題をつくり出すことであるという主張をする。そこから現在も部落差別は存在すると主張する。それは部落解放同盟とか自由同和会との違いになっている。他方、部落解放同盟の理論は何かというと、明治時代に資本主義体制になったから、これは新たに再編されてできた差別だと。だから、資本主義の発展の下において解消されないのは当然で、この考え方の違いが日本資本主義論争[5—1]、講座派と労農派の理論的なフレームにそのまま対応しているんですよ。

古谷　朝田善之助のいわゆる「朝田理論」もそこから出ていますね。明治資本主義体制で新しく差別が生まれたのだから、差別解消の一義的責任は政府にあるべし、と。

5—1　1920～30年代に日本にマルクス主義の思想が入ってくる中で起きた論争。講座派は『日本資本主義発達史講座』を出版し、日本資本主義を半封建的なものとして捉え、まずブルジョア革命が必要とした。労農派は、雑誌『労農』で主張を展開し、明治維新をブルジョア革命と捉え、プロレタリア革命（社会主義革命）すべきと考えた。

佐藤　そうなります。共産党・全解連は講座派に依拠しているので、近代化とともに部落差別はなくなるということになります。それに対して明治維新は基本的にブルジョア革命であってと考える労農派的なものと解放同盟の考え方は親和性が高い。あともう一つ、解放同盟は、そのスタートのところで、西光万吉《さいこう》なんかは特にそうなんだけども、キリスト教の影響が強い。解放同盟の前身だった全国水平社の旗自体というのは黒旗の荊冠旗でしょう。この荊冠はキリスト教で、黒旗はアナーキズムの象徴です。

古谷　確かに。大阪の芦原橋の人権博物館に行きましたら、正面に大きな荊冠旗が掲げてありました。水平社宣言（1922年）に出て来る荊冠がモチーフなんですよね。

佐藤　高橋貞樹にしても最初はアナーキズムの影響を強く受けていました。それから共産党に行っちゃったけれども。太平洋戦争後は社会主義によらないと部落問題は解消しないという考えが強くなってきたから、赤い旗の上にそのもともとの荊冠旗が付くということになったわけです。だから、日本の社会主義運動とアナーキズム運動とキリスト教社会主義と、そういうものが全部この部落問題、解放運動には合わさっているのです。

　だから、本当はそういうことをきちんと押さえておけばよいだけなんだけれども、「同和は怖い」から触らないとか、「学校で同和教育だけやっておけばいい」と魔よけみたいな扱いになっていることがある。でも、そういう状況で差別は社会に潜在化します。**潜在化したもの**

は何かのきっかけで顕在化します。

古谷　今、日本資本主義論争という話がありましたけれども、私は大学のゼミの先生が共産党系というか共産党員だったもので、まさにまさに佐藤先生がおっしゃった通りのことを言っていたんです。実際、被差別民の研究は網野善彦をはじめとして、いろいろやっていまして、彼らは、そもそも被差別階級を封建制度の残滓と捉えてはいるものの、農工商＝のちの平民とは別枠、つまり「婆婆」の外側にある「職能」として捉えますよね。浅草弾左衛門なんかが筆頭ですが。「農工商●●」というよりかは、別枠、別格の特殊職能という理屈です。

佐藤　上杉聰なんかがそうだよね。私が今まで読んだものの中では、三一新書の上杉聰の著作は非常に説得力があるなと思いました。

古谷　近世の被差別部落民については、士農工商とは別の世界の住人というふうに捉えるのが歴史学的にはやはり正しいんでしょうかね。それとも、そうじゃないのでしょうか。

佐藤　私は歴史学者でないから、何が正しいかというのは難しいけども、少なくとも歴史学の方ではそちらが主流のように思えます。

古谷　そうですよね。そもそも士農工商という近世の身分秩序自体が虚構に近かったという説も主流になり、もはや歴史教科書に士農工商は出て来ていません。被差別民についての記述はセンシティブなのか、触れられていない場合が多いですが、主流としてはこちらですよね。

佐藤　今名前が出た網野善彦さんは共産党系なんだけども所感派[5-2]だからね。それで、山村工作隊とか、そちらに近い方の人だったんだけれど、共産党で主流だった近代化論とは違う感じの理論を構築しました。

古谷　網野さんは所感派であることは有名ですが、網野史観を『もののけ姫』（１９９７年）で宮崎駿が映像化したことであまりにも世間で有名になり……とはいっても本格的な大衆ヒットは『日本の歴史を読みなおす』（筑摩書房、１９９１年／続編と文庫化、ワイド版も）ですが、彼の党派性を差し置いて現在でも人気は高いですよね。私も歴史学科に入った時、まず網野を読めとたたき込まれました。今のそういった歴史的な問題も含めて、こんにち的な差別について考えてみると、佐藤先生がおっしゃった結婚問題に加えて、まさに今の20代、30代ぐらい、ひょっとすると40代前半くらいの人も含めて同和自体あまり知らない人もいて、興味本位で「あそこは部落だ」とかいうふうに言っちゃうみたいなんですね。そういったネット時代の新しい差別問題が言われているわけです。確かに部落地名総鑑はなくなったものの、ある零細出版社が同和地区の名前を記載した本を出そうとして訴訟になって、裁判所から出版差し止めと賠償が命じられました。ユーチューバーの中には「同和地区に行ってみた」とかいう動画を無邪気にアップしてＢＡＮされた例もあります。こういった新しい人権懸念については、先生どう思いますか。

佐藤　それは別カテゴリーの話で、以前、古谷さんが考察した在日認定とか、そっちの方と近いかもしれないね。

古谷　なるほど。自分の気に入らない政治勢力や個人を何でもかんでも在日コリアンにしてしまうというのが在日認定ですが、ネットの被差別部落認定も似たようなノリがあるかもしれませんね。

佐藤　だから、そこのところは、**スティグマとして、ある人は「朝鮮」を使うし、ある人は「部落」を使う**ということのように思えます。嫌な話です。また、それが「沖縄」になるかもしれません。だから、どういう記号を貼るかは本質的問題じゃないんだけど、何かネガティブなスティグマを貼りたがる人たちがいることは間違いありません。でも、部落解放同盟の「人間の心に他者を差別する要素がある」という指摘は正しいと思う。**差別とか人を蔑視したりするのは、客観的な経済構想とかに還元できない上に、人の心の中に問題がある。**私はそう考えます。

古谷　今まさに、自分が気に入らない政治的思考を持つ人に「沖縄」を代入してたたいたり、

5─2　日本共産党は1950年代に入って徳田球一氏、野坂参三氏、伊藤律氏らの「所感派」と宮本顕治氏、袴田里見氏らの「国際派」に分裂。徳田氏らは非合法武装闘争に転じ、中央執行部を北京に移して活動した。

たたくまでいかなくとも冷笑したり茶化したりする風潮が加速しています。2ちゃんねるの元管理人なんかがその典型ですね。かつてそこに代入したのは「朝鮮・在日」だったわけです。これは2002年の日韓ワールドカップから始まってしばらくネトウヨ（ネット右翼）界隈で続いたのですが、あまりにもやり過ぎたことで民刑事事件になってヘイト側が敗北したことと、結局いくら探しても「在日特権」なるものが出て来ず、話題として陳腐化したということもあり、2010年代中盤からはことさら「沖縄」になっていますね。

佐藤　ヘイト防止法（ヘイトスピーチ解消法）や条例の対象は人種か民族で、日本の現行法では民族と認定されていない沖縄はヘイトスピーチの対象になっても法的保護がありませんからね。

寝た子を起こすのが悪なのか

古谷　ところで、被差別部落問題を語るのによく言われる「寝た子を起こすな」論はどうお考えですか。というのは、私が大学時代に共産党の先生のゼミに入って被差別部落問題を勉強しだした時、別学科の被差別部落出身の同級生から「勉強するから差別がなくならないんや。そんなもの勉強するだけ意味がないんや」と言われて衝撃的だったからです。当事者としてもそう考えている人がいるんだなと。もちろん彼は嫌みで言ったわけではなく本気でそういう意見だったのですが。これこそが寝た子を起こすな理論なわけですが……。

佐藤　それは、「寝た子が起きちゃった時どうするか」という問題意識が欠けています。寝た子は必ず起きますから。

古谷　どうあっても起きてしまいますね。

佐藤　だから、「寝た子を起こすな」という表現の中に寝た子を起こすな論の最大の問題があります。永遠に起きないのは、死んでいる子どもですからね。

古谷　至言です。

佐藤　寝た子は起きる。どのタイミングでどういうふうに起きるかだけの違いだから、寝た子は必ず起きるという前提でやった方がいい。

古谷　おっしゃる通りです。必ず起きる、という前提でやっておくということですね。そういうことを考えますと、今のとりわけ義務教育の中における人権教育は先生から見て十分でしょうか。もちろん地域差という前提的な問題はありますけれども。北海道を含む東日本では同和・人権教育というのはほとんどやらないようです。

佐藤　というか、もっと構造的に見ないといけないと思います。**日本の中にある特に深刻な差**

別は出自による差別ということだと思います。それはアイヌ、沖縄、朝鮮、韓国、部落ですよね。最近はこれにクルドを加えてもいいかもしれません。ただ、それを検討していくと――沖縄と部落は非常に微妙になって、じゃあ、民族差別と一緒かという話になる。そういう議論は学者がすればいいので、社会としては差別の構造化されているということに目を向けるべきです。**差別が構造化していると、差別する側の人は自らが差別者であることを認識していない**というのが通例です。日本の中で現実にある差別と認識するところから始めないといけない。出身は本人の努力によって越えられない差別だから問題なのです。

古谷　沖縄県民も被差別部落出身者も日本民族ですから、民族問題である在日コリアンとは別個のことと考えるのが筋ですよね。確かにこの五者を包摂して「人権問題」の中にまとめてしまう傾向にあるのは違うのかもしれません。他にも難民や定住外国人、技能実習生などの問題も別個にあるわけですし。

佐藤　沖縄については国際規準では民族差別と私は考えています。いずれにせよ、問題が認知されていく一定のボリュームという要素があります。今ＬＧＢＴとか、そちらの方の関心が中心になって向いていくんだけども、いまだやはり解消されていない部落、朝鮮、韓国、アイヌ、沖縄というのは深刻な差別問題だと思います。

古谷　私はとりわけ、沖縄を揶揄《やゆ》・嘲笑してもＯＫな対象になっていること。ネットミームを中心に、もはや地上波テレビが運営する一部ネット番組――彼らは報道番組などとうたっていますが――の中にも、一応両論併記をうたいながら、最終的な結論は沖縄を冷笑していく結論ありきな構成を採っているのが、極めて醜悪であり大きな問題であると思っています。逆に東京の地上波の人員が作っているこうしたネット番組では、なじみが薄いためか被差別部落の問題は相対的に扱いが極めて小さいですね。

佐藤　確かにそうです。でも、どこで問題が出るかといったらやっぱり、最初に話した結婚なんです。だから、結婚での障害が本当に社会の中でなくなれば、そうすればそれはほぼ解消したと言えます。沖縄に関しても結婚差別はほぼなくなりましたが、一部には偏見が残っています。

古谷　被差別部落に対する差別感情を解消することは極めて大切です。しかし逆に、何でそんなに**被差別部落にだけは「無知なままでよい」「勉強しない方がよい」という忌避の方向に向かう**のかがちょっとよく分からなくなったことがあったんですよね。例えばアイヌの人々に対する偏見発言があった時には「アイヌ文化をもっと知ろう」という動きは出ますが、「知らないままでよい」という寝た子を起こすな理論は起こり得ないわけでしょう。

佐藤　古谷さんの意見に全面的に賛成します。ドーキンス[5-3]が言っているような、「ミーム」みたいなものがあるのです。文化の遺伝子みたいな感じで。それが、結局、ヨラム・ハゾニーなんかのナショナリズム論でもそうだけども、家庭の中で歴史が継承されていくのです。そこでは、良いものも悪いものも継承されていくんですよね。少しの軌道修正はできるんだけど、義務教育の中でその辺を解消しても、一定のレベルの中での偏見がやっぱり再編成されてしまう。

古谷　関西の被差別部落といわれたところに、相当、私はフィールドワークで行ったんですけれども、例えば全然この問題を知らない人を仮にそこに連れて行ったとしても、公営住宅というかぱっと見、団地や割ときれいめな中層マンション群が建っているだけで、そこがかつて被差別部落であったかどうかなんて見分けがつかないんじゃないかと思うんですよ。インフラ的に差異はないですから。

佐藤　そうだね。被差別部落に改良住宅が建ったりとか、あるいは、いろんなそういったところの再整理や区画整理をして、普通の建て売りの家とかマンションとかが建っているので、見た目は他の地区と変わりませんよね。

古谷　ええ。隣保館があると分かるかもしれないですが、関東の人間に隣保館と言ってもピンとこない。地区センターだというと納得しますが、差別の歴史が云々《うんぬん》という方向には関心がいきませんね。

佐藤　まだその中に朝鮮人部落があるでしょう。

古谷 あります。両者が近接していたり場合によっては重複していたりするわけですからね。コリアンタウンでしょ、と言われればまあそうなんですけれども、それこそが「オールロマンス事件」[5―4]の舞台にもなったわけですから……。

佐藤 建物が違う。行政が整備する対象になっていなかったから。

古谷 被差別部落はもうほとんど見分けがつかないので、私も全く無知識な人に対してどう説明していいかが分からないんですよね。

佐藤 でも、だから、そこのところはある融合も進んでいるんですよ。そこは、濃度で見た方がいいと思うんだよね。

古谷 濃度ですか。

佐藤 前は黒に近いような灰色だったのが、だんだん白に近いような灰色になっているという感じ。

古谷 ええ確かに。感覚としてはおっしゃる通りです。ここから先は下水がなくて汲み取り

5―3 リチャード・ドーキンス（1941〜）。生物学者。「ミーム」を提唱した著書『利己的な遺伝子』（原書初版1976年、和書は紀伊國屋書店）が世界的ベストセラーに。

5―4 1951年に雑誌『オール・ロマンス』に掲載された京都市職員による小説「特殊部落」をめぐり、差別意識を醸成させる実態を放置してきたとして行政の責任を追及した闘争。

式ですとか、ガスがないですとか、そんな所はもはやありませんから。これについては国や自治体の同和対策事業のたまものだと思います。

佐藤　それからあと、部落解放同盟は、今はそういうことをやらないんだけども、曲がっているものを真っすぐにするというのが本来の糾弾なんだけど、やっぱりその糾弾闘争がなければ変化は起きなかったと私は考えています。糾弾に行き過ぎがあったのも確かですが。

古谷　いわゆる「糾弾会」ですね。被差別部落問題について無理解な人、偏見がある人に教育して是正しなければならないという機運自体は、決して間違っているわけではないですよね。

佐藤　そう思います。それで、共産党がそこにプリズムを当てて、ものすごく大きく見せると。共産党が得意なのは、自分たちは敵が武力を行使してきた場合、暴力で対応するという「敵の出方論」という形で暴力革命を放棄していないのに、敵対する勢力は全部暴力集団みたいなレッテル貼りをします。

古谷　確かに部落解放同盟の糾弾方針には行き過ぎの感があったことは事実ですが、そうしなければ社会の中で差別感情が根絶されなかったという事実はあります。しかし私は部落解放同盟の会員の中でも地域の中で熱心に人権活動している人を知っていますし、全部が不正とは当然思っていません。

佐藤　私も古谷さんと同じ意見です。それから、日本共産党は差別解消という話が嫌いです。だから、沖縄でも自民党の極端な同化論者と共産党だけが沖縄差別を言いません。

古谷　とりわけ関西における旧全解連の組織が、解放運動の中でやり過ぎた部分があるという感じもありましょうかね。解放同盟と政治的に対決しているがゆえに、少し言説的には過激になったきらいがあるかもしれません。

佐藤　全解連は部落差別は基本的に解消されたと主張していましたからね。

古谷　「発展的解消」の結果ですね。

佐藤　全解連は人間の心を見ていません。だから、すごく唯物論的です。素朴唯物論とかスターリン主義唯物論みたいな感じです。それだったら協議会から抜けるというのが筋なんだけども、自由同和会と解放同盟との関係があるから、自分たちもそこの中に参画していきたいという、そこでは党派的利益があるかもしれません。

古谷　解放運動団体の中にある党派的な緊張というのは、『同和利権の真相』（宝島社）シリーズの中でも感じ取れる部分はありますね。もっともあのシリーズは反解放同盟路線が鮮明でしたが。あのシリーズが大ヒットした当時から、例えば市バスや清掃局や水道局での優先雇用の関係にしても、もちろん後に実際に問題化した事案はありますけれども、解放同盟と全解連の人事の取り合いの結果なのではないか、という声はありました。私はこの説を全部肯定することはしませんが、そうなのではないかという疑問は生まれてしまいます。

佐藤 だから、その意味においては、部落解放運動においても共産党問題というのは重要です。

古谷 確かにその通りです。

■なくなるようで残る差別■

古谷 ネットでよく見かける社会的マイノリティに対する誤解があります。社会システムに無知な人がにわかに信じてしまうのが、日本のやくざは、3分の1が暴走族上がりで、3分の1が在日コリアン、3分の1が被差別部落出身者なんだということが書かれていたりすると、結構、真に受ける人がいるんです。これは溝口敦さんの反社=ヤクザの研究体系なんかの一部が引用されて、曲解の上でネットに出回った結果なのだと私は見ていますが。佐藤先生はこのあたりはどう考えますか。

佐藤 これは、特定の属性というよりも、社会的に阻害されている人たちの中でやくざになる人が多いと見ています。ただ、定量的な統計がないからそうなのかどうかは厳密に言えないわけじゃないですか。

古谷 そうですね。溝口さん自体も断定しているわけではないですから。

佐藤 組の構成員の中で、在日が何人で被差別部落出身者が何人と、統計を取っているものはないだろうからどうなのかは誰も言えないと思います。ただし、インタビュー取材を通じて、定性的な推論はできると思います。

古谷　ええ。何となくそういう書き込みが多いから、「同和は怖い」と再生産されていくような気もします。いわゆる「同和は怖い」考の源流ですが。

佐藤　それもあります。それから、どんなところにも怖い人もいれば怖くない人もいるから。

古谷　おっしゃる通りです。カタギにも恐ろしい人はたくさんいますから。というかむしろカタギの方が恐ろしいかもですが。暴対法（暴力団対策法）の枠外ですから。

佐藤　でも、大体の場合は怖い人にプリズムを当てて、それを拡大しています。となると、その組織全体が怖く見えるようになります。あと、今はあまりいませんけど、昔はもうちょっと分かりやすく社会に見えるしのぎをしていた、昔ながらの企業舎弟が暴対法以前には普通にいましたからね。

古谷　総会屋などが筆頭ですね。高杉良さんの「金融腐蝕列島」なんかは大ヒットして、映画化されましたので余計イメージが固着化したかもしれません。それより少し前は、伊丹十三監督の『ミンボーの女』（1992年）とか『マルサの女2』（1988年）とかがありましたが、伊丹監督の時代は企業舎弟というよりかは直接的な、暴対法以前の最後のやくざの姿をコミカルに描いていたと思います。「ミンボー」を作ったために伊丹監督は襲撃事件[5-5]に遭ってますからね。

佐藤　国民的映画のフーテンの寅さんだって、これは基本はテキヤです。
古谷　妹思いのテキヤですね（笑）。ネットミームでいうところの香具師（ヤシ）の映像的元祖が寅さんなわけです。
佐藤　妹思いのテキヤ。だから、極端に悪いことを寅さんはしていないでしょう。
古谷　全然していないです。そもそも寅さん行商人ですから。
佐藤　ヤコブ・ラズ『ヤクザの文化人類学』（岩波現代文庫、2002年）という研究書がありま す。イスラエルの学者で、どこかのテキヤの組に入って参与観察をしました。そこで寅さんの話が出てくるんですよね。ラズは寅さんが大好きです。
古谷　食べ物でも、例えば南河内の被差別部落の原産といわれています「さいぼし（燻製馬肉）」とかがグルメとして注目されて久しいです。『被差別のグルメ』（新潮新書、2015年）という本も出たぐらいです。関東に進出して東証一部（現在はスタンダード市場）上場企業になった外食チェーン「串カツ田中」でさいぼしが定番メニューで食べられているのは、時代が変わっ

5—5　『ミンボーの女』が公開された1992年5月、伊丹十三氏が自宅前で暴漢に襲われた事件。暴力団員が逮捕された。ミンボーとは民事介入暴力のことで、同作品では暴力団と闘う弁護士の活躍が描かれた。

たなあと思いますね。そういう意味では、融合・融和というのはかなり進んでいるのかなという気もしますが。

佐藤 モツ煮なんていうのもそうですよね。

古谷 ホルモン全般がそうですからねえ。

佐藤 あと、関西の中でお好み焼きでよく使う油かすとか。

古谷 大好きです。うどんにも合いますね。

佐藤 食は時代とともに変わります。われわれが子どもの頃は、キムチはまだ一般的ではなくて、キワモノ扱いでした。今、普通に人気あります。

古谷 もう国民食になっているんじゃないでしょうか。最近では学校給食にも廉価で栄養価が高くおいしいというので各地で採用されているようですね。キムチが一般家庭にばーっと広まったのはどれぐらいですかね。

佐藤 私が1979年に京都に行った時には、本格的なキムチは焼き肉屋にしかなかった。一般には、辛くてニンニク臭が強いので苦手という扱いでした。1980年代までは、一般的に、ニンニクに対する抵抗感が強かったと思います。

古谷 そうなんですか。ニンニク・ダイエットというのも、もはや当たり前ですよね。今やあらゆる外食のトッピングにキムチがありますね。キムチ鍋なんかも普遍的になってますし。

キムチを売ってないスーパーはありません。

佐藤　バブル期以降じゃないでしょうか。

古谷　ということは90年代からですか。

佐藤　バブル期でエスニックのものは壁がなくなった感じがします。韓国の地位向上では、焼き肉とかキムチとか、あるいはチヂミとか、そういったものが普及してきたというのは大きいと思います。

古谷　食の普及による韓国のイメージ向上は確かにあると思います。バブル時代には韓国食以外にも、エスニック料理ブーム、インド料理とかブームになりましたよね。

佐藤　そう。だから、インド料理だったりエスニックのインドカレーと――カレーといったら日本独特の進化を遂げたカレーしかなかったから。インド料理の専門店に行かないと。あと、タイ料理なんてほぼ皆無でした。

古谷　タイ料理はいかにも、かつては大都市の趣味的な専門店というイメージがありましたが、現在ではどこにでもありますね。

佐藤　**食とかだと、互いの文化はなじんでくるんだけども、しかし差別は残る**んですよ。

古谷　その辺は非常にじくじたるものがあります。食べ物は融合されているんですけどね。**消化されちゃうとその背景にある社会的風景は忘れられてしまう**んでしょうか。本質と言えば本質ではありますが。

ネトウヨの実態

佐藤　私はネットをあまり見ないから分からないんだけど、ネトウヨ（ネット右翼）の世界は現在どんな感じですか。

古谷　私はずっとネット右翼について研究してきて、その体系を著書にしてきましたが、その総括とも言える『シニア右翼』（中公新書ラクレ）を２０２３年に出版しました。結論を申し上げると、実態はネトウヨという言葉からイメージされる若年ではなく、中高年、つまりシニアなんです。ボリュームゾーンとしては40、50、60代でかつ男性、というところでしょうか。

佐藤　どういう人たちですか。

古谷　中小・零細企業の自営業者や個人事業者が多いですね。運送業、倉庫業、自動車部品業、リース業、美容業、造園業、不動産、投資などが業種的には多い印象です。夜職の経営者にも目立ちますね。キャバクラを何店舗か経営しているとか。元自衛官で現在は独立しているという人も少なくありません。たいていは自分がワンマン社長で何人か雇っているタイプ。それから、大企業の管理職とか管理的な立場にいる公務員。開業医も。勤務医はあまりいないですね。丸山眞男が言う「中間階級第一類」に似ています。社会の下士官でしょうか。逆に海外と密に交流のある商社関係の人はほとんど見かけません。なぜか銀行関係も見かけません。

佐藤　開業医はネトウヨと親和性が高いという印象を、私も個人的交遊関係を通じて覚えます。

古谷　ええ、そうなんですよ。しかも、ほぼ必ず眼科、美容外科、整形で、外科とか救急救命とか小児科とか内科はいないです。つまり忙しい人はいないんです。あと皮膚科も多いですね、ネトウヨに。現場で忙しい人があまりいないです。研修医とか、それに看護師には会ったことがありません。ほとんどが小さなクリニックを経営する開業医です。

佐藤　『ＷｉＬＬ』と『Ｈａｎａｄａ』、両方取っているという感じですね。

古谷　そうなりますね。定期購読層はこのあたりが主軸でしょう。さすがに病院の待合室の雑誌コーナーには置かないという常識はあるようですが。

佐藤　お金はあるから、雑誌は好きなだけ買うことができます。それで、そういう人たちというのは、選挙にはどの程度行くのでしょうか。

古谷　基本的には、全体投票率よりは＋15～20％くらい高いと思いますけれども、期日前が相当多いと思いますね。

佐藤　基本的にみんな自民党という感じですか。あるいは維新か。

古谷　基本的には自民党です。ただし、岸田政権になってからは消極的に自民党ということでしょうが、自民支持は岸田政権の限りでは弱まっています。参議院全国比例では、党派に関係なくお気に入りの右派系議員に一票、という人も多いです。

最新のトレンドでは百田尚樹さんが代表の日本保守党におおむね期待しているようです。国民民主党もにわかにネトウヨが好むようになりました。今は自民党一本やりという感じでもなくなっています。ですがネトウヨは維新は嫌いです。世代的にちょっと昔の人ですけど、いわゆる「慰安婦発言」[5-6]で西村眞悟を追放したりしましたよね。あれを覚えていて、当時の幹事長だった松井さんを恨んでいる古参ネトウヨは多いですね。あと基本的にネトウヨは首都圏に集中していて、維新というと大阪のイメージが強く、ネトウヨは維新を基本的には支持していません。むろん、東京の維新系議員にネトウヨ受けする者が少ないという事情もあります。

佐藤　なるほど。大阪のノリみたいなものが嫌いと。

古谷　あと、40代~50代ぐらいのネトウヨのボリュームゾーンは、そもそも橋下徹とかが合わない。テレビコメンテーター自体が嫌いなんですよ。やっぱり「虎ノ門ニュース」に出ないと好きじゃない。その虎ノ門ニュースも親会社がオリックスに買収された関係で突然終了しましたが。橋下さんは「虎ノ門ニュース」には出なかったし、『ＷｉＬＬ』『Ｈａｎａｄａ』

にもほぼ寄稿しないじゃないですか。『正論』にも多分出ないと思うので、そういう維新寄りだけどタレントで、新自由主義的なものも嫌いだから、藤井聡さんみたいな国家社会主義、農本主義みたいなところに傾倒していく部分があるんですよね。高市早苗さんもそうです。藤井さんが高市さんのブレーンになり、彼女の経済政策に反映されていたので。

あとネトウヨが橋下徹が嫌いなのは、彼が大阪市長時代に在特会（在日特権を許さない市民の会）の桜井会長（当時）とやりあって会談が破断したことです。当たり前ですが、橋下さんは在特会を敵視しました。これがネトウヨ的には癪《しゃく》に障る。だからネトウヨ＝維新だとする向きが多いんですが、ネトウヨと維新は実のところ水と油です。

佐藤 なるほど。それで、うんと若い方のZ世代はどんな感じになりますか。

古谷 Z世代になると、ネトウヨがいないですね。いたとしても冷笑系というか、右も左もどっちもばかじゃないの、という感じで、投票に行かないというのが第1選択ですね。ちなみに、ネトウヨは信仰心はあんまりなくてですね……。

5―6 2013年5月、日本維新の会の西村眞悟衆院議員が旧日本軍の従軍慰安婦問題に絡んで「大阪の繁華街で韓国人に『慰安婦』と言ったらいい」などと発言した。この発言を受け、維新の松井一郎幹事長は「全く理解できない。まさに言葉の暴力だ」と強く批判。同氏の処遇について「除名だ」と明言した。

佐藤　ネトウヨ自体が信仰ですから、他の宗教が入ってくるのが嫌なんだと思います。

古谷　そうなんですよ。稲荷も神社も、実はあんまり興味がないんです。靖国神社には行くのですが、決まって8月15日だけで、それ自体はイベント的なものの一種にすぎません。神社めぐりとか寺社仏閣のパワースポットに行くとか、はやって久しいですが、この手の人は政治的には無色に近く、どちらかというと占いとかが好きなスピリチュアル系統の人で、ネトウヨとはほとんど重複しません。

佐藤　稲荷も神社も興味ない。ネトウヨは、統一教会も創価学会も嫌いですよね？

古谷　大嫌いですね。

佐藤　それはだから、ネトウヨが宗教だから他の宗教を受け入れない。「引きこもり」の人も結構宗教が嫌いです。これも「引きこもり」を世の中から降りるという宗教的信念に基づくものと理解すれば、説明可能です。

古谷　あーなるほど。

佐藤　あれは「引きこもる」という一種の宗教で、強力なイデオロギーですから。

古谷　確かに……。本当にネトウヨは、宗教アレルギーが物凄いですからね。創価学会なんて特に。目の敵にしてますから。だから公明党も大嫌いで、彼らの口癖は「自公連立解消」です。不可能ですけど。

感染して商売になるイデオロギー

佐藤　真面目な話をすると、罵声を浴びせて「ああ気持ちよかった」ってなるのは、思想的な右も左も関係なくて、それこそ古谷さんの小説『愛国商売』の逆、「リベラル商売」もありますよね（笑）。

古谷　確かに主人公（『愛国商売』の主人公南部照一）をリベラル側に入れ換えたら全く同じことになりそうです。

佐藤　狭いマーケットですが、「リベラル商売」というのもあります。そういうビジネスが成り立つこと自体が面白いと思います。「愛国」も「リベラル」も、つまり政治は商売になるんですよね。

古谷　そうなんですよね。右翼がこれまでNPO法が定める20の活動分野に該当しないオピニオンを叫ぶことが多かったので、NPOを設立し活動して、ゆくゆくは国や自治体から補助金をもらうコース、という王道を踏襲してこなかったんですけど、最近になって「歴史教育」とか「資源エネルギー問題」とかをてこにNPO法人を設立するようになってきました。リベラルの方は割と以前から、一般社団法人やNPOを設立して食いぶち――もちろんそれは正当な報酬なのですが――を確保している場合もありましたが、右翼はそれが法的にできづらかったので、登記の必要のない任意団体（サークル）をつくって主に寄付でやっていたのです。その事情によって「情」というか、支持者、寄付者、被寄付者の間で「上下関係」が出て来たわけです。

佐藤　そう言えば右側の人で、クラウドファンディングで訴訟費用を集めている人いましたね。

古谷　いましたね。自称経済評論家だったかな。訴訟費用以上に儲かったんじゃないですかね。

佐藤　すごいですね。その人に対する支持でお金が集まるし、その人を訴えた相手方が憎いというのと両方合わさってお金が集まる時代なんですよね。

古谷　極めて不健全ですね。訴えられたという事実自体を集金や支持の道具にする。こんなのが「評論家」と名乗っているのですから世も末ですな。こんなＢＡＫＡを使うメディアの側も常軌を逸しています。

そうした商売と近いと思いますが、「ノモンハンは実は日本が勝っていた」「インパール作戦はあながち失敗とは言えない」という説が出て来たり、そうしたトンデモ流行が生まれたりすることがあります。中には小ヒット――と言っても1万5000部くらいなのでしょうが――を達成する本になることすらあって驚きます。

佐藤　歴史修正主義者が大好きな言説ですね。「大東亜戦争、実は日本が勝っていた」とかですね。あれだけ戦後に経済発展を遂げたから戦略的には勝ったんだとか、何とでも言えますから。

古谷　もうめちゃくちゃですよね。負けたけど勝ったんだとか。「真珠湾陰謀論」もいまだにはやってますね。ルーズベルトは実は奇襲を知っていて放置していた、と。なぜ放置していたのかと言えば、ルーズベルトがコミンテルンに操られていたからだと。いわゆる「コミンテルン陰謀論」につながるわけです。田母神俊雄氏なんかこの題材で作文して、APAの「真の近現代史観」論文賞の大賞なわけですから。あまりにも知的レベルが低過ぎてゲンナリです。このような陰謀史観は全部、秦郁彦氏に何度も論破されても、まだ言い続けている。飽きないのでしょうか。

佐藤　それは実は現在が過渡期だから。何事もかちっと固まった物語にはまらない。いろいろな物語が並列してしまう。今も「〜は陰謀を持っている」「〜の脅威が迫っている」という言説が一部の人々に説得力を持ってしまう場合がある。**イデオロギーがウイルスのように感染する。**

古谷　思想的な感染症ですね。

佐藤　ウイルスの仲間だと思うんですよね。この種のイデオロギーの目的は増殖です。

古谷　物理的な対処法があればよいですが。これからはどうなっていくでしょう。

佐藤　今は格差が広がっています。その格差は四重ではないかと思うのです。国家間格差、階級間格差、地域間格差、ジェンダー間格差。その中で階層が固定化されてきて、言葉が通じなくなってくる、という危険性があると思います。

古谷　島宇宙化ですね。ネットミームでは◎◎クラスタとも言いますが。他のクラスタのことは全く見ない、話さない、交流しない。あらゆるところに格差が顕在化していますね。

■

6

混迷の社会を生き抜く

■ 限られた人生をどう生きるか

■ 親ガチャはなくならない

佐藤 **親ガチャが存在するという認識がすごく重要**だと思います。ガチャがあることは前提として、ガチャが問題じゃなくて、プライベート、**私有化することが問題**と私は考えています。キリスト教の教えでは、儲けられる人は、儲けられる適性を持って生まれてきた。それは自分の力ではなく、生まれる前に決まって神様に与えられたことだから、これは神様にお返ししないといけない。だけど、神様には直接返せないでしょ。だから隣人に返す。こう考えます。

古谷 ノブリス・オブリージュの考え方がまさにそれですね。

佐藤 そうです。いわばキリスト教は親ガチャ教です。親ガチャは避けられないっていう前提に立って、**ガチャで取ったものをどうするかをきちんと教える**。問題はガチャで取ったものを全部「がめる（自分の物にする）」っていうことです。この発想が間違っています。

古谷 キリスト教圏と日本社会では、日本社会の意識が低いと。寄付の慣習も日本は低いという統計もあります。

佐藤 いや、もともとはそんなことはないんだけど、新自由主義が入ってからおかしくなりました。伝説だけど、紀伊國屋文左衛門が豪遊してばらまいたのだって、そうしなきゃ怖いからです。カネは権力に代替します。だから、カネをため込んでいると権力者に狙われます。

文左衛門がばらまいていなければ、何か理由を付けられて、打ち首になっていたと思います。

古谷　それはあり得ますね。実際に江戸期は豪商が財産没収されたり、打ち壊しの対象になることを恐れて自分から商品を放出するとかやってましたからね。

佐藤　日本では貧乏神の話を勉強する必要があります。

ある夫婦が貧乏神と暮らしていた。二人で働いてもなかなか貧乏から抜け出せない。でもちょっとずつちょっとずつ、ためていった。そうしたらある年の終わりに餅がつけるようになった。餅をついていたら押し入れの奥から、しくしくと泣く声が聞こえる。押し入れを開けたら、小さなおじいさんがいて、「わしは貧乏神じゃ。もう餅がつけるようになったから、今晩限りで出て行かなければならない。代わりに明日には福の神が来る」と。それで福の神が来たら、えらい態度が悪い。だから福の神を追い出して、また貧乏神と一緒に仲良く暮らしたっていう話。

これは富を蓄えて上昇してもろくなことにならないから、分相応に正月に餅がつけるくらいで我慢しろっていうことだよね。

古谷　素晴らしいお話です。

佐藤　日本人がこんなにがめるようになってきたのは最近のことだから。

古谷　ここ20年くらいでしょうか。

佐藤　この20年で特に加速してきているように思います。それに**実利志向**になってきている。最近官僚は就職先として人気がなくなっているけど、どこに行っているのかって言ったら、投資銀行、コンサル、メガバンク、商社だと。**金を追いかけるのが時代のトレンドになってしまっている。**

古谷　**それであなたの人生楽しいか？**っていうこともありますね。

佐藤　その通りです。**周りを見てトレンドが何かっていうことで人生決めてはいけません。**

古谷　横断歩道人間ですね。自分の中に確固とした世界観がないので、右を見て左を見て、一番コスパが良さそうなところを行こうとする。損得勘定の最終形態と言えます。

佐藤　私日本外交を見てきて本当に駄目だと思うのが、台湾有事はどうなりますか、北朝鮮の核開発はどうなりますか、そういうことばかり尋ねる人がほとんどだということです。君の主体性は何なのと。**日本はアジアの中でゲームをつくることのできるプレーヤー**です。まず日本が何をやりたいのかを決めなくてはなりません。

古谷　ああ、よくいますね、そういう人。これからの日本はアメリカにつくか、中国につくか、考えないといけないという。いや待ってよ、日本の自主性はどこに行ったの、と。それを指摘すると、「日本は小国だから現実的でない」と言う。1億を超える大人口を抱え、落ちぶれたとはいえ世界3位か4位の経済規模を持つ日本は、彼らの中で小国なんだと言う。だから日本が主体的に外交したり戦略を実行したりはできない、という結論になるようです。常に誰かに従属することが前提なんです。奴隷の発想です。

佐藤　それって例えば、高校生が「私は文系に行った方がよいでしょうか、理系の方がよいでしょうか、将来性はどちらにあるでしょうか」とか、大学生が「就職先は国家公務員か、投資銀行か、コンサルか、それとも新聞社か、あっ新聞社は斜陽になるって言いますよね、どれが将来性がありますか」とか尋ねてくるのと同じです。私たちの時なんて、官僚と新聞社と両方受けていたら、「いったいお前は何を考えているんだ」って両方から弾かれました。

古谷　究極の自虐史観ですね。自分を過小評価し過ぎている。そういう主体性のない、日和見的な損得勘定の姿勢が、「賢くてクールだ」と考えている向きもあるようで、世も末です。

■自ら学んで追い込め！■

古谷　こういう主体性のなさとか、なぜ生まれるのかと言えば、結局は教育の中で染み付いた心情でしょうか。

佐藤　今の教育が役に立たなくなってきているということは生徒、学生自身が一番分かっている。学生はすでに枠組みにとらわれていません。大学生に高校時代、一番影響を受けた先生は誰かと尋ねると、かなりの学生から「スタディサプリ」で社会を教える伊藤賀一先生という答えが来ます。

古谷　そうなんですね。

佐藤　これからは放送大学もそうなっていくだろうね。

古谷　放送大学の授業は素晴らしいですからね。レベルが驚くほど高い。

佐藤　しかも普通に授業を聞いていれば、理解できます。

　だから、頭のいい学生は「スタディサプリ」や放送大学で、どんどん知識を付けていきます。実務に関しては大原学園とかＬＥＣとかあるし、語学なら語学専門のスクール、ロシア語なら東京ロシア語学院とかで実用レベルの知識を身に付けます。そうしてハイブリッドで学んでいきます。ダブルスクール、トリプルスクールしてもです。

古谷　語学では最近、英語圏のフィリピンやマレーシアの現地講師とＺｏｏｍなどを利用して行うオンラインスクールも人気です。

佐藤　オンラインより短期でも現地留学がお勧めです。セブ島とか3カ月行って、朝7時から夜8時までスパルタ教育を受ける（笑）。そういうところは日本の有名企業から行く人も多くて、要するに出世のためにＴＯＥＩＣで●点以上を取らなきゃいけないと切羽詰まっているんですよ。それで学校側も最初の試験結果によって、○点取れなければ学校負担で△日延長しますって得点保証してくれるところもある。そこで一定の訓練を受け、日本に戻ってからオンライン授業を受けるのが効果的です。

古谷　そんなに充実しているんですか。セブへの短期語学留学はよく聞きます。ビーチがホテルからすぐそばです、みたいな広告が売り文句のようです。それだとまるで自動車免許の合宿みたいですね。セブ観光なんかまるでできなさそう（笑）。

佐藤　フィリピンの語学学校では、サーフィンをしながら英語というようなほとんど力の付かない遊びコースと、切羽詰まった人が集まるスパルタコースに分かれています。

会社員だったら実際そんなに長くいられないから、背水の陣で土曜まで授業を受けている。英語力を付けたいという学生がいたから、試しにそこに行かせてみたら、夜8時に終わって帰った後も4時間くらい勉強しなければならなかったそうです。途中に試験もあるし。それで日曜は疲れて1日寝て終わる。でもその子は英文科でも珍しいんじゃないかっていうくらいの英語力を付けて、今は大手新聞社の記者として頑張っている。だから、オンラインで中途半端にやるくらいなら、コストと時間が許せば、そういう虎の穴みたいなところで3カ月くらい集中した方がいいと思います。

古谷　先生のお話を伺っていると、試験でも何にしても背水の陣、もう後がない崖っぷちにいた方が人間は勉強するものなんですね。

佐藤　本当に必要な時は背水の陣にする。

古谷　天草[6-1]とか長島の門徒を思い出しました。

佐藤　私が作家になったのだってそうです。東京地検特捜部に逮捕された後、外務省は私を起訴休職にしました。本俸の6割が支払われたけれど、これでは食べていけない。兼業をするとクビになる。どうすればクビにならずにカネを稼げるか考えた。唯一の道が作家になることでした。憲法上、表現の自由は公務員にも保障されています。しかも、寄稿は届出制で外務省の許可は要らない。生き残るためにはこれしかないってことになり、背水の陣で頑張りました。

古谷　先生ほどで到底ないですが、私も普通に就職できないし、したくもなかったし、さりとて生きていく必要があるので、作家になったのかもしれません。やっぱり背水の陣って重要ですね。■

■疑う力で備える

佐藤　古谷さんは困難な時期をどうして乗り越えられましたか。

古谷　いろいろな要素があるとは思いますが、基本的には、これまでの自分とは違う、さまざまな世界を見てこようっていう「探究心」と、それから「疑い」でしょうか。

佐藤　疑い？

古谷　私は基本的に根が疑い深いこともありまして、この人の言っていることは嘘ではないかと考えて観察していると、後で本当に嘘であることが分かるとか、そういう感覚です。ではなぜ他者を疑うのかというと、この人は何かおかしい、違和感があるという身体的な直観能力に依拠しています。数値化はできないのですけれど、他者から感じる「うさんくささ」とか「違和感」って、何か分かるじゃないですか。危険なオーラと言いますかね。そういう人間からは距離を取って常に批判的に見るようにしています。

私のこのカンって動物的なんだと思います。あ、この場所は危ない。あ、この人は危うい。そういう感性です。ちなみに私は地震が起こる数秒前に耳鳴りがする体質なんですが、それは置いておくとしても、このカンで大体のことは回避してきました。保守業界に入って、最初から感じた閉鎖的な空気に対する違和感もそれなのかもしれません。でもその違和感って、「怪しい投資話を持ち掛けられた」とか「第一印象で態度が粗暴である」とかいう分かりやす

6—1　島原・天草一揆（島原の乱／1637～38年）では天草四郎を首領としたキリシタン農民の一揆軍が「原城跡」（世界文化遺産）に籠城して抵抗した。長島一向一揆（1570～74年）では本願寺門徒が織田信長に対して蜂起、信長軍の攻撃を3回にわたって受け、激しい攻防の末に鎮定された。

いモノじゃないんですよ。
単語のチョイスは当然ですが、名刺のデザインとか。車の中に置いてある小物のチョイスとか。スマホのストラップとか。上着の襟に付いているごみとか。皮膚の外見上の印象――ほくろの毛など――とか大皿の食べ方とか。ものすごい細かい、普通気にもしないような他人の所作が、私は気になって仕方がないんです。そういうものをずっと見てしまうんです。

古畑任三郎みたいですね（笑）。
その段階で、あ、何かこの人怪しい、と感じたら大体当たります。過去にはそれで後日逮捕された人が3人います。在宅起訴を含めると7人います。事件にはならないものの、炎上して失脚した人間は4人います。神は細部に宿ると言いますか、後付けながらその時から細かい所作に「失敗」の伏線がにじみ出ていたのかも知れません。これはかなりの高確率ではないかと（笑）。

佐藤　なるほど。その話を聞いて、私の両親の三つの教えを思い出しました。
私の両親には戦争体験があります。母は世代的に戦争を体験する年齢ではなかったのだけれど沖縄という特殊な場所にいたことで14歳で軍属として従軍し、父も東京大空襲を経験しています。そうした経験から皮膚感覚で「国家はだます」「マスメディアのだます」という感じを持っていました。

それから、いくら勉強をしたいと思っていても、あるタイミングを逃すとできなくなる、という実感を持っていて、「勉強はできる時にしておいた方がいい」と、いつも私に言っていました。両親が考える勉強は「立身出世」とは関係ないんですね。「生き残ることだけ考えろ」と。そのための勉強でした。

「政治に近づくな」ということも言われました。ろくでもないことに巻き込まれる。自分の身を守ることを第一に考えなさいと教えられました。社会に出てから両親の教えを身に染みて感じるようになりました。

それから、「銀行からお金を借りるな」と。これは父が銀行に勤めていたので、貸したお金を剥がす時の恐さを知っているからです。

古谷　インフレ、高金利に向かう今では、まさに一番気を付けなくてはなりませんね。35年の住宅ローンとか怖くて借りようとは思いません。

■AIが進化する社会で■

佐藤　最近はタクシーに乗ってると、AIモニターが「こうやって行きますよ」と音声で案内することがあります。

古谷　過剰説明ですよね。なぜいちいち乗客に通路経緯の表示が必要なのかという。アレをしないとクレームでも来るんでしょうかね。過剰説明というか過保護です。

佐藤　「機械と人間」では面白い話があって（『世界を変えた14の密約』文春文庫、２０２１年）、１９７０年代ごろからアメリカに自動洗車機が入ったんだって。ところが２０１０年代からなくなっちゃった。今ほとんどない。それはなぜか。

古谷　機械のライセンス問題とか……。分かりませんね、なぜでしょうか。

佐藤　どうしてかというと、移民の低賃金労働者が増えてきて、機械より安く磨いてくれるから。自動洗車機のメンテナンスの方が金がかかるということになってしまった。人間たちに洗車をさせて使える人を残して問題のある人を辞めさせる。機械より人間の方が安い値段で働く。そのため、自動洗車機がなくなってしまったということです。

古谷　なるほど、そういう理屈ですか。

佐藤　もうすぐ日本もそうなるんですよ。機械のメンテナンスフィーよりも人件費の方が安くなる時代がすぐそこまで来ています（笑）。

藤野英人さんが『ヤンキーの虎』（東洋経済新報社、２０１６年）で、地方の「マイルドヤンキー」を束ねる「ヤンキーの虎」がビジネスを興す話を書いています。この話が面白いのは、地方と東京では経済のゲームが異なることです。このまま東京で新自由主義が加速していくと、東京に住むのはごく一部の超エリートたちとその人たちの生活を支えるエッセンシャルワーカーに二極化してしまう危険性があります。

古谷　長引いたコロナ禍で、すでにそうなりつつありますね。

佐藤　そうすると、東京で過ごせなくなった人たちは、地方に帰ると「虎」の仲間、あるいは「虎」の眷属《けんぞく》になるという道がある。日本の大企業で部長ぐらいで終わりかなあというような人、あるいはそこの手前で課長をやったとかそれぐらいの人で、その程度のノウハウしかないといっても、地方に行ったらそのマネジメント能力も相当高いということになりますから、地方で暮らしていける。年収４００万円ぐらい、共働きで年収７００万円から８００万円ぐらいなんだけども、住居費はほとんどかからないから、そこそこの生活ができます。

古谷　もはや現実にそうなっていませんかね。東京の知的産業でいまひとつ目が出なかった中堅ぐらいの人が、地元に帰って「地域創生」とかで自治体を巻き込んでクリエイティブもどきの事を仕掛けている。私は「地方創生」とか否定しませんけども、中央でやっている陳腐化した広告代理店のさらなる劣化版、二番煎じだと思います。こういう人が少なくない数います。鶏口牛後となるべしと言いましょうか。東京ではいま一歩なのですが、「地方創生」を掲げれば自治体や地元企業のバックアップが付くので、採算の取れない「街おこし」の音頭を取っているＵターン組のクリエイターやプロデューサーもどき。実際の実力はゼロではないが全く中途半端です。簡単に言えば公金の無駄遣いで、私はこういった人はあまり好きではないですが、生き残り戦略としては特筆すべきでしょう。彼らはそもそも故郷に実家があるので、最悪そこに住んでしまえばよい。場合によっては地方は住居費がかからないのがいいですよね。

佐藤　ただし、食料品とかは決して安くはないです。

古谷　激安スーパーとか、激安弁当店とかあまりないですからね。ドンキ（ドン・キホーテ）があれば助かりますけど、地方都市のドンキって21時とか23時閉店だったりするんですよね。朝までやってるのは大都市周辺の店舗です。ガソリン費用を考えると、トータルの生活費は地方の方がやや高いかもしれない。

佐藤　でも刺激が少ないので、あまりお金を使いません。そうすると地方回帰が始まります。

古谷　実際、今、転出の方が多くなっている都市部がありますからね。現在のところ絶対数ではわずかですけど、これからどんどん増えるかもしれません。

佐藤　東京の場合にはこの二極化がだんだん見えるようになってきます。だから、高級焼肉レストランみたいなところはいつもいっぱいで、それから、安くてうまい牛丼屋も人がいっぱいで、ところが千円ぐらいの定食屋に人がいないという感じになります。

古谷　高級か激安の二択しか生き残らず、中間上位を取った「大戸屋」は厳しいという話も聞きます。私は激安の「ゆで太郎」で十分ですね。

佐藤　確かに立ち食いそばでは、「ゆで太郎」や「箱根そば」はおいしいです。いずれにせよ、高級か激安かの二極化がますます加速してくるという気がします。

■少数派に光を当てる社会になれるか■

古谷　生きていく上で誰もがお世話になるのは医療です。日本の医療の現状についてはどのようにお考えですか。

佐藤　アメリカは医療費が高い。逆に言うと価格調整がなされるので、お金さえあればレベルの高い医療を待たずに受けることができます。日本は医療費は保険適用なら自己負担は少なく受けられるけど、3時間待ちとかになります。国民皆保険制度なので高いレベルの医療を受けるのが行列調整になるからです。今や大学病院の医師がやりがい搾取の場になってしまっています。論文書いていると、アルバイトに行ける時間も限られるし。じゃあ開業医になればいいのかって言えば、そうでもない。高度な研究を続けたいからです。開業医を含め医者が儲かる仕事っていうのは一昔前の話です。

古谷　医師の数が足りていないってよく聞きますけど、現実はどうなんでしょう。

佐藤　地方は本当に足りていません。だから例えば20年以上キャリアを積んで試験に合格した看護師とかを対象に、準医師のような新たな制度を設けるくらいにしないと回らなくなると思います。看護師の裾野を厚くした方がいい。日本の看護師教育は本当によくできている。入学時点の成績は必ずしも良くなくても、専門学校も含めて国家試験合格までを目指すわけだから。分数計算できない大学生みたいなのはいません。濃度計算できない看護師って怖いでしょ？

古谷　死んじゃいますからね。私も濃度計算できるかと問われれば怪しいですけど（笑）。ところで、良い病院を選ぶことに関してはどうでしょう。雑誌の特集などでよく病院ランキングなども目にしますが。

佐藤　ランキングは信じないけど、症例数は参考になると思います。基本は数を手掛けていないと。久しぶりにこの手術しますとか言われたら受けたいと思いますか？　ただ、手術の成功率を上げるために、難しい手術は最初から受けないっていう面もありますけどね。私は、日本でも症例数の最も多い病院で腎移植を受けました。この病院が手術を引き受けてくれれば、統計的に99・9％成功します。

古谷　腎移植は生体からですか？

佐藤　生体移植です。今は献腎移植は少なくて、生体腎がほとんどになっています。

古谷　生体は別として、日本では脳死からの移植手術が進まないって言いますけど、それは日本人の宗教観からだと思いますか？

佐藤　いや、それよりも制度的な問題だと思います。例えば、島根や鳥取で臓器提供の意思のある人が脳死になったとする。東京の病院から臓器を受け取りに行って運ぶ時、往復の交通費はレシピエント（移植を受ける人）に請求するんだけど、診療報酬はゼロなんだよね。だから、どうしても取りこぼしが出てきてしまう。

古谷　どうしてそうなったままなんですかね。

佐藤　気付かれていないんだよね。近年の日本の臓器別移植数（脳死・心停止・生体）って年間2400くらいです（日本移植学会『臓器移植ファクトブック』）。移植の件数が少ないから、それに関わる医療者も少ないし、利権も発生しません。

古谷　キリスト教的な宗教観がない、つまりその手の人がよく言う「キリスト教圏では肉体は入れ物だ」みたいな俗説などとはあまり関係がないとお考えなんですね。

佐藤　私は関係していないと見ています。制度が整えば飛躍的に増えると思います。また、腎臓については、日本の透析のレベルが高いということもあります。世界の中でも透析を受けている場合の余命が長い。今は在宅での透析もあります。ただ、よほど管理が良くないと、透析を受けながらフルで働くのは相当難しいです。医療費全体で考えると、腎移植の方がコストがかからない。そういう意味では、今よりは移植件数が増えていってもよいのではないかと思っています。

古谷 透析技術は改善されたとはいえ、移植の方がQOLが良いのは違いないでしょうから、今後移植件数が増えていくためにも、まずは制度面の障壁をなくすということですね。

佐藤 そうです。利権があると、制度改革が進みやすいんですけど。しかし、患者のQOL、税金の節約の両面で意義があるので、政治主導で移植環境を整える必要があると思います。

■精神科を恐れるな■

古谷 すでにお話ししましたが（74・79ページ参照）、私は高校1年でパニック障害（パニック症）を発症し、通院や治療では長く苦闘してきました。先生は精神科通院歴はありますか。

佐藤 私は精神科への通院歴はありません。ただし、学生や読者から精神科絡みの相談を受けることはよくあります。精神科医の知り合いも何人かいます。症状が深刻な場合、まず心療内科の医師などではなく、きちんと精神科医を受診することです。

それから精神科医には相性があります。精神科医は心理士（公認心理師・臨床心理士）とセットですから、良い心理士と組んでいる医師が望ましい。精神科に関しては、当たるまで探すドクターショッピングになってもやむを得ないかと思います。

古谷　私も全く同じ考えです。実際にドクターショッピングをしていました。

佐藤　どういう症例の経験が豊富かっていうのも大事ですよね。後は医者の熱意です。ただし、医者と共依存関係になることもあるから、できれば同性の医者にとアドバイスしています。

古谷　私の主治医は聡明なおじいちゃんなのでその危険は少ないですが、確かにあるかもしれませんね。

佐藤　でも、精神科を怖がるな、っていうことは非常に重要で、伝えていかなくてはなりません。

古谷　それはそうですね。私の頃は——１９９０年代——精神科そのものに強い偏見がありました。うちの両親など、私がパニック症で精神科に行きたいというと「家名が汚れる」という理由で許可してもらえず、あまつさえ一人で病院に行かないように保険証を隠されたのです。とんでもない鬼畜です。

どの時代でもそうだったかもしれないですが、うつ病やパニック障害の学生さんはどの大学でもいると思います。

佐藤　大学でも、例えばパニック障害なら、席の座り方を自由にしたり、途中離席の可能性があることを考慮して評価したり、教員間だけで共有する情報として配慮しています。

古谷　いつ頃からですか。

佐藤　同志社では、10年前にはすでに取り入れていましたね。

古谷　２０１４年より前なんですね。教育現場は進んでいるんですね。

佐藤　同志社はそういう問題について特に敏感です。それから診断書があれば別室受験も認めていて、毎年そういう受験生が数人はいますね。

古谷　私の頃にはなかったですね。発展途上の時代で、精神の疾病に配慮は一切ありませんでした。

私のパニック症の特徴は、体育館みたいな広くて逃げ場のない所に入れないことです。音楽のライブ会場とかも駄目です。だからセンター試験がそもそも受けられず、私大の個別受験に絞らざるを得ませんでした。今の受験生がうらやましいです。

佐藤　ただ、例えばうつ病の学生は学業が続けられなくなったり、卒業するまでに年数がかかったり、いくつかの大学を転々としたり、入学してからの困難も多く見られます。こちらは医療が専門ではないので、できることが限られてきます。

古谷　なるほど。でも四半世紀前と比べたら、大学側の意識は確実に変わってきているのですね。

佐藤 そう思います。今は各大学とも意識が相当変わってきています。少なくともそうした病気が合否判定でマイナスに作用することはなくなっていると思います。

古谷 それは良いことだと思いますね。私のように受験会場に入れない人もいますから。

佐藤 それから明らかにASD（自閉スペクトラム症）やADHD（注意欠如・多動症）の学生もいるけれど、むしろそういう人たちがいる多様性のある環境で学ぶことがプラスだっていう意識も教員側に出始めているんじゃないでしょうか。特に一人ひとりに目配りの利く規模の学部では。

古谷 素晴らしいですね。1990年代なんて皆無でしたよね、そういう考え方。

佐藤 全体に冷たかったですよね、日本の学校は。でも、今も社会、企業の方は冷たいように見えます。

古谷 パニック症やうつ病は昔から一定割合いたと思います。精神障害者保健福祉手帳を持っている人数だけでも約120万人います。ここ10年でかなりのペースで毎年増えています。現代社会は発症しやすくなっているような気もするのです。

佐藤 現在の日本社会が精神疾患を発症しやすい環境であることは間違いないと思います。大体、毎朝決まった時間に人を集めて、決まった時間に仕事しているような国なんて、世界の中でもごく一部ですからね。だから、一定数が引きこもりになるのだって社会構造で当たり前だと私は思っています。

古谷　その通りだと思います。今の社会様態の方が異常なのであって、逆にこれに適応している方がすごい。仮にフレックス制であっても、毎日通勤するという行動自体に私は耐えられません。何で病気にならないんだろうって思います。

佐藤　ただ、今の時代のグローバリゼーションの良さもあって、逃げる道があります。東南アジア、アフリカ、中南米に行く選択肢もあります。

古谷　私も猫や仕事がなければ、そうしていますよ。フィリピンかタイがいいなあと思います。

佐藤　私の妹はブラジルに行って、現地で家族を持って暮らしています。日本の方が環境が整備されていることは分かっているけれど、ブラジルの方が居心地がいいそうです。日本に戻ろうとは思わないって言っています。

古谷　すごくいいですね。今の日本の社会様態、特にコロナ前の通勤秩序に適応できている人たちは、私から見たら強靭《きょうじん》な人間ですよね。なぜ壊れないのかなって、ずっと思っています。

佐藤　いや、壊れかけているっていうことだと思います。

古谷　うつ病や双極性障害は遅れて発症する場合も多いですから、強烈なストレスが去ってひと段落した数カ月後くらいに来ることがあります。ドーパミンがマックスに出ている最中はバリバリ働いて健康に見えますが、もうその段階で壊れていることもあるんですよね。

7

インテリジェンスが動かす未来

世界はどう変わっていくのか

■国家のインテリジェンスとは

佐藤　近年注目しないといけないのは**欧米諸国のインテリジェンスが変化している**ことです。従来のインテリジェンスは**価値判断とは別で事実をベースにして分析**しなければならなかったのですが、ウクライナ戦争が始まってから、特にイギリス発のインテリジェンスではインテリジェンスとプロパガンダが混在してしまう傾向が生じています。高知県警本部長、内閣情報分析官も務めた明治大学の小林良樹教授は、学術的なインテリジェンスの分野で私が一番信頼している人で、最近、この問題を研究しています。

戦前の日本もインテリジェンスを持っていました。大橋武夫さんの『謀略』（時事通信社、1964年／復刻新装版として2024年刊）で描かれている世界です。戦前の日本軍はインテリジェンスを秘密戦と呼んでいました。ここでは謀略を重視しました。最近は世界のインテリジェンス、特にアメリカやイギリスのインテリジェンスが戦前の日本陸軍に近づいています。

古谷　陸軍中野学校的なものですね。

佐藤　そうです。秘密戦は以下の四分野に分かれます。①**諜報**―情報を取る、②**防諜**―味方の秘密の流出を防ぐ、③**宣伝**―味方の弱い部分を極力隠して強い部分を強調する。そして最終的に、④**謀略**―諜報、防諜、宣伝を最大限活用して実力以上の成果を出す。世界の今のインテリジェンスの主流は、特にＣＩＡとかＭＩ６は、戦前の日本の陸軍中野学校に似てきています。だから、戦前の日本のインテリジェンスが世界の標準になりつつあるのかもしれません。

古谷　最近いろんなインテリジェンスに関する文書やらが出て来るようになりましたね。先生、中野学校の流れをくむとされる現代の「別班」についてはいかがですか。ドラマ『ＶＩＶＡＮＴ《ヴィヴァン》』（ＴＢＳ、２０２３年）にもなってにわかに注目されました。新聞報道でもその存在が明かされました。石破茂氏がテレビ番組で「存在する」と発言して後から訂正していましたが。政府側は「存在しない」と一貫して否定しています。

佐藤　別班については少し内情を知っています。テレビとはだいぶ違う世界です。

古谷　えっ、それはかなりの極秘情報では……。

佐藤　テレビドラマとは全然違います。

古谷　さすがに私もモンゴルのような国であれだけのドンパチはやらないとは思いますが。別班について詳しい書籍ですと何がありますか。

佐藤　石井暁さんの『自衛隊の闇組織』（講談社現代新書、２０１８年）を読むといいでしょう。あれは実によく取材しています。

古谷　私も読みました。ただ、元別班関係者という人たちが、石井氏の取材に対して割と素直に答えていた感じがしまして、もちろん関係性の中でそうなったのでしょうが、そこまでに至る証言は全部信じてもよいのか、と疑問に思っていました。

佐藤　石井さんは嘘を書かない。また、一部の人を除いて、情報源も真実を述べていると私は判断しています。ただし、別班はエンドユーザー、つまりそのインテリジェンスを使う人としっかりつながっていないと、活動に意味がなくなります。そこが問題なんですけど。

古谷　なるほど。

佐藤　ただ、私は陸軍中野学校の技法を継承しているグループがあるのは良いことだと思う。

古谷　やはり中野学校の技法は継承されているんですね。常識的に考えれば、そういった組織がなければ国家がもたないということですかね。

佐藤　日本国家もインテリジェンス機能を持っている。今は内調（内閣情報調査室）の能力が非常に高いです。

インテリジェンスにはあまり人数は要りません。致命的な間違いをしたらいけない。軍事の問題になった時に、絶対に判断を間違ってはいけない。その意味でウクライナ戦争やガザ紛争で内調が判断を誤ったことは一度もありません。

古谷　政府が保有している多目的衛星――事実上の偵察衛星――の画像情報は内調が分析しているということは知っていますが、詳細は一切私には分かりません。ただ、北朝鮮のミサイル発射などの事案を見ると、少なくとも東アジアでは、米軍とおよそ同等程度の衛星情報源を持っているのかな、ということはぼんやりとうかがえますね。

佐藤　日本の衛星能力も十分高いです。東アジアだけでなく、ウクライナもよく見ています。最近心配しているのは韓国のインテリジェンス能力の低下です。金与正のメッセージが正確に読み取れていないんじゃないかな。与正は韓国のことを「南朝鮮」ではなく「大韓民国」っていう正式国名を使っている。2023年の12月から北朝鮮は対韓国政策を変えて、「第一の敵」って言ったでしょ。それに統一関係の部局を全部廃止したでしょ。北朝鮮が韓国と対等の主権国家間のゲームのルールを構築しようとして出しているシグナルを韓国のインテリジェンスが読めていないように思えます。

古谷　あの発言は驚きですね。大韓民国と表現すると、国家として認めているということになりますから。ずっと「米国の傀儡《かいらい》の南朝鮮」と言っていましたのに。

佐藤　金与正の考えを進めていくと、朝鮮人と韓国人は別民族って考えているということになります。朝鮮人は高句麗や渤海、韓国人は新羅や百済の後裔。別民族の国家だから主権を尊重しましょうと。

　汚物風船の問題があったけど、あれは「お前ら主権国家だろ？　民間人は抑えろ」「やられたらやり返す」というメッセージです。それともう一つ注意しなければならないのは、あれは旧日本陸軍の風船爆弾の伝統を踏まえていることです。

古谷　戦時中に[7—1]オレゴン州まで飛ばしたのありましたね。アラスカ上空を経由して米西海岸の森林を燃やして、米軍施設まで延焼させて打撃を与えようとした。結果的には関係ないアメリカ市民の子どもも死んでしまった。

佐藤　少なくとも約３００個は米国本土で確認されています。時速20～30キロで風で流れていくでしょ。高速の戦闘機では撃ち落とすことが難しい。スピードが違い過ぎます。

古谷　無理ですね。レシプロ機、練習機くらいでしょうかね。

佐藤　そう、練習機くらい相当スピードを落としたらね。汚物風船が汚いとか、そういうレベルの話ではありません。あれは偏西風を利用して、西側から飛ばすものです。日本の三沢とか、新千歳、横田、横須賀に飛んできたらどうしますか。

古谷　三沢は地理的に真東だから飛んで来やすいですよね。生物兵器を入れて飛ばしたら大変なことになる。実効性がありますね。

佐藤　だから、打ち上げを早くやめさせないといけません。北朝鮮は、どこに落ちるのか着地の実験をしているのですから。韓国は自由社会だから、市民が風船の着地場所をＳＮＳで報告します。それを利用して北朝鮮がマッピングをします。

古谷　韓国警察も、汚物風船の着地地点を公開してましたね。韓国市民もスマホで写真を撮って着弾位置を正確に教えているようなものですよね。

佐藤　その通りです。北朝鮮の風船爆弾の精度を上げるのに、国を挙げて協力してどうするのということです。愚かなことです。でも、実は日本政府は北朝鮮の意図を正確に捉えていますす。日本のインテリジェンスは、ここのところ冴えているんですよ。

スパイの条件

古谷　別班とされる構成員はどのように選抜されるのですか？

佐藤　志願してくる人もいるでしょうけど、基本的に上の人が声をかけるのだと思います。

古谷　スカウトですか？

佐藤　そう、情報部門は基本スカウトです。自分から手を挙げる人を採っていたら、ただでさえ複雑な情勢を一層複雑にしてしまうから。

古谷　（笑）。鉄道オタクが鉄道会社に就職できないのと同じことですね。

7—1　太平洋戦争末期、和紙で作った風船に爆弾をつるした兵器（風船爆弾）が米国本土に向けて約9300個が飛ばされ、300個以上が到達した。オレゴン州では、6人が犠牲となり死亡。

佐藤　似ています。あとは正義感が極度に強い人も向きません。世直しをするみたいな正義感はインテリジェンス・オフィサーに必要ありません。

古谷　陸軍の青年将校的な人間入れたら、上司に黙って勝手に決起しそうですもんね。それは絶対向かないですね。

佐藤　「え～やるんですか」っていう反応で、3度言われたらやる、くらいがいいです。

古谷　外見的にはどのような特徴がありますか。

佐藤　とにかく人の記憶に残らない。美男・美女は駄目。あるいは逆に、こんなやつがスパイのはずないって思わせるのも、場合によっては偽装（カバー）になります。自己顕示欲が強くて、目立つところにバンバン出てくるような人がスパイであるケースもあります。

古谷　『ＳＰＹ×ＦＡＭＩＬＹ』（集英社ジャンプコミックス＋、２０１９年～）とか『Mr.＆Mrs.スミス』（米国、２００５年製作）は両方とも美男美女ですからちょっと現実離れですね。作品としては非常に面白いですが。ボンドはカッコいいというより私からすると渋いです。

佐藤　それからインテリジェンスでは、運営する人と、分析する人と、現場で動く人は違いますから。

古谷　現場で動く人の男女比はどうです？　よく実際にも女性スパイはいるとも聞きますが。

佐藤　男性の方が多いと思います。身を守るための筋力が違うからです。それから、現場では断片的な情報しか持たずに走れる人が重要です。

古谷　断片と言いますと？

佐藤　全部を知りたがらないってことですね。「余計なことを知ると当事者になるから」っていうくらいがちょうど良い。逆に、運営する人と分析する人は全体を知る。

古谷　消極的な方が良いんですかね。

佐藤　そうとも限りません。ごり押しが利くこともあります。ただし、いったん確立した信頼関係を自分から裏切る人は、情報の世界ではどんなタイプでも向かない。多分、長生きできないと思います。

古谷　なるほど。

佐藤　双方と通じる二重スパイはすごくお金をもらえるけれど、そのお金を使い切るまでに生きていた人はいないと思います。

■大局を読む■

佐藤　今アメリカの力が急速に弱まって、世界の地域変動が起きています。ガザ紛争でもウクライナ戦争でもアメリカは十分な存在感を示すことができていません。

日本の周辺で国際秩序の変動が起きるときのプレーヤーは、アメリカ、日本、中国、北朝鮮、韓国、ロシア、それから地域だけど台湾です。２０００年ごろと比べて、相対的な力として日本とアメリカが弱くなって、それ以外の国は強くなっています。

古谷　地域大国の台頭による多極化の進展ですね。

佐藤　その通りです。今、旧来の線を維持しているように見せかけていますけれど、実際は竹島に関して韓国との関係で日本は及び腰になっています。尖閣に関しても、そう遠くない将来に中国との関係で係争があると認めざるを得なくなると思います。戦線を縮小しなければならない状態であるにもかかわらず、大局を見ないで虚勢を張っているのは政治家と防衛省です。

古谷　私は２０１２年に竹島に上陸しましたが、完全に韓国の占領状態で日本が入る隙間はないように感じました。ヘリポート、警備員宿舎、娯楽施設はもとより観光地になっている。竹島で生まれた「独島犬」っていう大型犬がいて、その子犬を韓国各地に配って繁殖させているんですよ。犬はかわいかったですけど。尖閣諸島は一時期民間の政治団体が上陸したりしましたが、最近では聞かない。毎日のように中国公船が領海侵犯している。

佐藤　２０２３年9月19日に岸田さんが国連演説で「イデオロギーや価値観で分断されていては世界の課題の解決はできません」っていう趣旨の演説をしています。あの演説に民主主義って言葉は入っていませんでした。

それから、「未来のためのグローバル・パートナー」の日米首脳共同声明(2024年4月10日)でも、価値観、民主主義って合意文書に入っていません。その3日前、ワシントン・ポストに秋葉剛男さん(国家安全保障局長)が寄稿していて、「抑止力を強化するとともに、権威主義政権を含める近隣国との対話を強化していく」と。すなわち日本は抑止力を付け、防衛力を装備していくっていうのは、価値観で北朝鮮や中国をたたきつぶすってことではなくて、折り合いをつけるっていう方針であることを明示しています。

日本外交の基本方針が地政学的均衡論に変わりつつあります。私の言っていることは、日本政府が実際に行っている外交を別の言葉で説明しているだけなんです。

古谷 なるほど。確かにそうですね。中東に関してもお伺いしたいです。中東に関して、日本は昔からイスラエルとアラブ圏に対してダブルスタンダードですよね。違いますか?

佐藤 昔からダブルスタンダードです。ただし、イスラエル寄りのダブルスタンダードになったのは今回が初めてです。今までは油をとらないといけないから、アラブ寄りのダブルスタンダードでした。だから、今までなかったことが起きています。ひとくくりに言うと、日本はロシアとイスラエルに優しいんですよね。他のG7に比べて。

古谷 日の丸油田の権利もありましたから、確かにアラブ寄りという印象が強かったです。

今は相対的にイスラエルの肩を持つ方向に、確実になっていますね。

佐藤　相対的にそうなっています。この立ち位置が、メディアと国際政治学者には見えていない。日本は日本の国益を考えて動いています。

古谷　当然そうです。

佐藤　この戦争に深入りするよりも、東アジアで絶対に戦争が起きないようにすることが重要です。ウクライナ戦争に関しても、日本は停戦する時の仲介国としてのカードを持っている。

古谷　日本しか持っていない。

佐藤　中国も持っています。多くの人が勘違いしているんだけど、軍事的中立と政治的中立は違う概念です。太平洋戦争中、スイスは政治的にはアメリカ寄りだったんだけど、軍事的には中立でした。だから日米が国交を断絶した後、スイスがアメリカの利益代表国になりました。日本の利益代表国だったスペインは軍事的に中立でしたが、政治的には枢軸寄りでした。

古谷　フランコ将軍ですね。ヒトラーがフランスを屈服させた時、フランコは枢軸に誘われましたが断った。ピレネーを山越えしてまで会いに来たヒトラーに対し、シエスタだと言って中座して怒らせたそうです。当然、これは枢軸に加盟したくないフランコの演出なわけです。よってスペインは大戦中、一貫して連合国に対して中立を保ちました。ただしスペイン内戦で独伊に支援された恩義があるから独ソ戦では東部戦線にブルネテ——青師団、義勇軍——

を派遣していますものね。

佐藤　だから、政治的にウクライナ寄りで軍事的に中立な日本と、政治的にロシア寄りで軍事的に中立な中国が、非常に重要な鍵を握ることになります。

古谷　ウクライナ戦争終結、あるいは終結後の国際秩序において、日本がキーパーソンになる位置にあるのは間違いないですね。

佐藤　そうです。重要なのは、自らの利害関係をいったん突き放して各国がどういう論理で動いているのかを分析することです。自分たちの価値観を離れて、各国間の力関係がどうなっているのか、本当にこの問題がわれわれは死活的に重要なのかについて真剣に考えなくてはなりません。人道が大切なのは当たり前です。しかし、ある国の人権問題に関して干渉することが日本の国益にとって死活的に重要なのか、これを仕分けるのが国家のインテリジェンスです。民間とは違う。民間は一般に、資本主義システムのルールで動いているので、金儲けが基本になります。■

日本が進む未来

古谷　ウクライナ戦争について開戦以来、佐藤先生はさまざまな媒体で解説を行っています。その中でとりわけ重ねてお伝えになりたいこと、特に戦争終結やその後に向けた考えをお聞きしたいです。

佐藤　ロシアがいくら理屈を付けようが、**ロシアの侵攻は現行の国際法では受け入れられない間違いで大問題**です。それは古谷さんが最初から言っていますよね。

古谷　当然そうです。

佐藤　だけど、アメリカがウクライナを勝たせる支援をしていないっていうところに、みんななぜ気付かないのか、気が付かないふりをしています。この戦争が続いているのはアメリカの戦略ミスによるものです。アメリカは長くウクライナを支援してロシアを弱らせる作戦ですが、ロシアは食糧もエネルギーも自給できるし、経済制裁では弱らない。その間に、ウクライナ人が多数死んでいくことになります。

古谷　アメリカは一切、人は送らないですよね。

佐藤　そうです。それは台湾情勢だって同じことです。「ウクライナの今日」は「明日の東アジア」です。日本の憲法を改正すれば、アメリカの自由と民主主義の価値を守るために、日本の自衛隊は戦わなければならなくなる。アメリカ的価値観を守るために日本人が中国人と戦うということになりかねません。

古谷 承服できませんね。冗談じゃないですね。

佐藤 それから、こういう局面になったら、北方領土問題を解決する方法は別の形にしなければなりません。

古谷 別と言いますと？

佐藤 **自由で開かれた北極圏という構想を日本が言い出す**のです。中東情勢も悪化していく中で、北極海をどう使うかっていうのが一つの鍵になります。宗谷海峡、津軽海峡、対馬海峡のうち、ロシアの極東領に近く通年で安全に使えるのは津軽海峡になります。北方領土を解決して安定的な関係をつくりましょうと。

古谷 温暖化で新たな航路ができるといわれていますよね。

佐藤 航路もできているし、ガス田もある。

古谷 すでに開発が進められているサハリンの資源は有望なのですか。サハリン2、1などとありますが。

佐藤 日本のエネルギーの3〜5割は賄えるでしょう。第一に天然ガス、第二は石油です。

古谷 まだ、埋蔵している分を掘りつくしてはいないわけですね。

佐藤　まだまだあります。ただ、一番大きいのは北極海のヤマル半島の天然ガスです。日本が採掘権を買っている。今は止まってしまっているけれど、百年単位の話だから。これも将来、有望です。

それに大事な要素として、北極圏にはまだ海賊がいません。

古谷　海賊には気候的にも厳しいですものね。それにソマリアという**無秩序・権力空白地帯があるから、そこが根拠地になってソマリア沖に海賊が出る**わけであって。

佐藤　そう、海賊の拠点をつくるなら、カナダ、ロシア、アラスカのあたりになるけど、極北の地はなかなか大変です。

古谷　無理でしょうね。

佐藤　海賊がいない北極海は、温暖化で3分の1に航路ができるといわれていて、すごく有望になります。一方で、アメリカが弱体化してきて、既存のアメリカが守っているインド洋航路は危うくなる。だから、ウクライナ戦争が終わったら、**必ず北極海航路の話が出てきます。**

古谷　実はまさにそのお話、私も本書の「おわりに」に書いたんです。北極海のルートで、ノルウェーまで一直線につながりますからね。

佐藤　後は外交交渉で、北極海の共同開発の仕組みをつくればいいです。

古谷　ウクライナ戦争から2年が経ちましたが、対ウクライナ支援については、日本政府の今までの方針は正解ですか。

佐藤　正しいです。人道支援は大いにやるべきです。他方、軍事支援は抑制しなくてはなりません。政府は国民のお金を無駄に使っていないし、ロシアから恨みも買っていない。

この戦争が終わった後、世界の構図はかなり変わると思います。最初のうちは対立し合うけど、そのうち取引になっていきます。**日本の外交を東アジアの平和に転換する必要**があります。それは、価値観、人権、民主主義、市場経済のウエートを落とすことにつながります。日本人の人権が直接侵害されたって言うなら別だけど、人権や民主主義で頑張り過ぎると戦争になってしまいます。だから、プライオリティを変えて、東アジアの平和を日本外交の基本に据えるのです。今後の日本外交はそういう方向になると思うし、そうしなければならないと私は考えます。■

エピローグ

～二人のこれから～

佐藤　今後は、どのバトンをどの若い世代の人に渡していこうかと考えています。僭越ですけれども、古谷さんも私より若い世代だから、この対談で私の経験を紙面に載せられないオフレコ部分も含めて、かなり踏み込んで話をしたのは、渡したいバトンがあるからです。

古谷　いやいや、光栄です（焦）。しかし、結構文字にできないものがたくさんありましたね。一連のお話は墓場まで持っていきます（笑）。

佐藤　そうしたら、古谷さんがさらに学生たちや若い世代にバトンを渡してくれるでしょうから。われわれがこれからやっていくのはバトン渡しの仕事です。

古谷　果たして私にできますでしょうか。

佐藤　古谷さんおいくつになられました？

古谷　41歳です。

佐藤　あと4年、45歳が一つの境目になると思います。

古谷　それは体力的にってことですか？

佐藤　そうではなくて、45歳までに植え込んだ種を育てて刈り取るのが45歳以降になるという意味です。

古谷　そういうものですか。

佐藤　私も私の友人たちもそう言います。裏返すと、45歳以降ではなかなか新しいことはできないということです。だから、あと4年間で思い切り新しい種をまくといいと思います。そうすると、それを刈り取るプロセスに入り、あるタイミングで必然的にバトン渡しが生じてくるはずです。

古谷　なるほど。

佐藤　私も上の世代から引き継いだけど、20歳差くらいがちょうど良いと思います。共通する言葉があるからです。今の古谷さんだと、学生に向かって現役感を持って話せますよね。

古谷　それはあると思います。経済状況も相変わらず不景気で似ていますし。今の20代と私の中に、あまりにも隔絶された時代的、社会的状況というのはないんですよ。

佐藤　僕らだと、もうないんです。どこの星の話だくらいになっちゃう（笑）。僕らの世代は牛乳第一世代だったけど、その上の世代の脱脂粉乳とか分かりますか？

古谷　分からないです。言葉では知っていますが、飲んだことはありませんね。まずかったとは聞きますが。

佐藤　埼玉県では私たちの世代が小学校1年生から給食で牛乳が出ました。1年上の人たちは脱脂粉乳を湯で溶かしたまずいミルクの味を知っています。これは一例ですが、皮膚感覚で経験が分かるのは20～25歳がぎりぎりだと私は考えます。

おじいちゃんの話を聞くとか先輩の説教を居酒屋で聞くとか、うざいかもしれませんけど、そこから得るものもあります。それを私たちは今回、書籍という形で残しているのだと思います。

古谷　うざい、ということはありませんけどね。

佐藤　今、共時的な情報はすぐ手に入るけれど、通時的な情報を持てる人は少ないです。コミュ力と人脈がないと、上の世代の話を聞くことができません。

古谷　ネットの社会だと、編集して更新しちゃうと分からなくなりますからね。ウィキペディアなんかそうでしょう。常に更新されていきますから、過去にどのようなことが書いてあったか分からなくなる。もちろん編集履歴を見ることはできますけど、いちいち何年もさかのぼって見る人はほとんどいませんから。

佐藤　そう。だから重要なのは、紙の百科事典ですよね。私がよく参照するのは、戦前の平凡社の『大百科事典』です。当然ですが、第一次世界大戦という項目はありません。ただし、欧州大戦と日独戦争があります。

古谷　欧州大戦と書いているんですか？　青島《チンタオ》（膠州湾）戦でしょうか。

佐藤　日独戦争です。青島戦も含まれています。

古谷　第一次大戦では日本が連合国だから、ドイツ租借地青島に上陸して小戦闘やっていますが、それを「日独戦」と言うんですね。今では全く聞かないですね。

佐藤　それで１９４９年にその事典の補巻が出ているんだけど、何かって言うと、価値観が変わっちゃったから、天皇などの項目が書き換えられています。

古谷　どう変わったかがよく分かりますね。

佐藤　よく分かります。だから、ある時代の閉じた体系知に関する知識が必要なんです。

古谷　確かに古書店などで昔のニュース雑誌とか買って読むと、今では見かけないその時代の慣用句みたいなものが分かって勉強になりますね。例えば、１９６０年代には台湾とは呼ばないんですものね。文字的には「国府」。中華民国政府の略というわけです。単に国府って書いたら、現在では日本国内の地名かと思うでしょう。

佐藤　最近、伊藤賀一さんと一緒に本（『いっきに学び直す教養としての西洋哲学・思想』朝日新聞出版、２０２４年）を作って気付いたんですけど、今の学習指導要領の「歴史総合」では、日本史に世界史が吸収されるっていう構成なんです。要するに国史の考え方です。それから「地理総合」も日本の国益に鑑みて世界の地理が糾合されるから、地政学なんですよ。自国中心の日本の教育の転換が起きています。

古谷　それには全く気付きませんでした。それは文科省なりが意図的にやっていることでしょうか？

佐藤　おそらく無意識に。そうじゃないと生き残れないと思っているのでしょう。だから、私は最近無意識について興味を持っています。例えば、日本がウクライナに殺傷能力のある兵器を送れないっていうのはおそらく日本人が無意識のうちに戦争での殺し合いに関与したくないと思っているからできない。殺傷能力のある装備品を送ることに無意識のレベルで抵抗感があるのだと思います。

古谷　それはまさに身体性、皮膚感覚から生まれるものですね。

佐藤　身体性、皮膚感覚に基づくもので、しかも意識の奥に押し込められています。全世界を敵に回して戦うことのトラウマ、それと同時に戦争でアメリカに徹底的にやられたから、アメリカには反抗できないんだって無意識もあるから、アメリカの政策に自発的に迎合している側面もあります。

古谷　体の中にある無意識の反射回路って確かにありますよね。動物的な感覚で「こいつに逆らっても勝てないだろう」という、悪い意味での細胞内記憶がそうさせるのでしょう。そろそろそういった記憶は唾棄すべきであり、情けないことですが。

佐藤　意図的なものは変えられます。**意識していないものを変えるのは非常に難しい**。まずそれが何なのかっていうことを認識しなくてはなりません。

古谷　自覚していなければ、提示されても分からないかもしれませんね。

佐藤　だから、そういう無意識のところをどうやって顕在化させていくかが、これからの表現者としての腕になると思うんですよね。当たり前だと思っていることが当たり前じゃない。あるいは摩訶不思議なことが起こっている。この理由を言語で表現することです。

古谷　それは本能ということもできます。

佐藤　そう。こういうところがわれわれの対談で顕在化させたかったことで、無意識のことは他者と話す過程で徐々に明らかになってくるということです。お互いの意識していないところを形にするためには対話が不可欠です。古谷さんは表現者として、今後はどう考えていますか？

古谷　私は今後についてはノープランだったのですが、小説はたくさん書きたいと思っています。自分の中での戦略目標です。

佐藤　『愛国商売』だって書けたのだからできますよ。あの小説は、もはや古典になっていますね。古谷さんの書くものは、「私語」がありません。公共性のあるものとして表現活動を捉えているからです。自分に引き寄せて考えているけど、社会性があります。最近の国際情勢や国内政治もテーマに書いてほしいと強く希望します。

古谷　オファーさえあればやります（笑）。バトンを若い世代につなげるかどうかは分かりませんが、本能的に楽しい、と感じるものを続けることは、大体成功するような気がしてなりません。あるいは楽しそうだな、という直観でもよい。そう感じると、おおむねうまくいきます。佐藤先生との対談も、企画のお話を頂いた第一報で、身体的にうれしさと喜びを感じました。結果的に私の初期の感覚は間違っておらず、本当に楽しい対談になりました。今後とも鋭意前進してまいりますから、ぜひともご指導のほどをお願いいたします。

佐藤　こちらこそ今後ともよろしくお願いします。

■

おわりに

古谷経衡

佐藤優先生と私の対談は足かけ4年にわたって行われた。ほとんどの場合、対面場所は赤坂のザ・キャピトルホテル東急内にある高級ラウンジ「ORIGAMI」であった。この間、コロナ禍とウクライナ侵攻、そして安倍晋三元総理暗殺事件など世界史に残る大事件が勃発したが、ORIGAMIの空気は常に静謐で、まるで外界からそこだけが謝絶されているようであった。

時事通信社の坂本建一郎氏から佐藤先生との対談企画を打診されたとき、私の心は狂喜であった。なにせ佐藤先生は、私が高校・大学生時代から読んでいた尊敬する大作家だからである。しかし佐藤先生は1960年生まれ。1982年生まれの私からすると、およそ22歳離れているから「親と子」くらいの年の差がある。この一点において多少の不安があった。

北海道の道都・札幌に生まれ青春時代までを同地で育った私にとって、佐藤先生の評価は二分されて伝わっていた。同時期に逮捕された鈴木宗男衆議院議員（当時）とともに、「北方領土・ロシア利権の先兵」などとして、その事件の内容に詳しくないにもかかわらず毛嫌いする人もいれば、その後の輝かしい言論活動を以て「知の巨人」として見做している人も大勢いる。

「北方の領土かえる日、平和の日」――。このフレーズはロシアと事実上の国境を隔てる自治体たる北海道で育った私にとって、義務教育時代から耳にタコができるほど聞かされてきたものである。確かに同地の比較的年配者にあっては、対ソ感情は悪いと言えるかもしれない。

北海道最東部の根室管内には、北方領土からの引揚者が今なお多く居住する。樺太から逃れてきた人々は宗谷管内にも多い。真岡の悲劇は副読教材にもなった。そしてソ連抑留者とその子孫も道内には多い。私の中学校時代の級友は、ソ連満州侵攻の折、全滅した小隊ただ一人の生き残りの孫であった。その隊の小隊長はT－34に地雷特攻を仕掛けて爆死し、彼の祖父はそれによってT－34が擱座《かくざ》したため、わずかな隙をついて後方に逃げることができたのだという。これがなければ自分はここに産まれていないと、級友はしみじみと語ったのである。

私の祖父も抑留こそされなかったものの、南満州鉄道の警備兵の軍属として満州南部に住み、終戦間際に朝鮮を経由して夕張へ引き揚げてきた苦労がある（戦後、私の祖父は夕張で大工仕事に精を出し没した）。こういう身近な体験談が北海道で生きていると本当に多いのだ。

冷戦期、函館空港へのベレンコ中尉亡命事件、また樺太上空での大韓航空機撃墜事件。前者は私が生まれる前の事件だ。後者の大韓航空機撃墜については、遺族の一人に私の高校の先輩がいたという。なぜその事実を知っているのかと言えば、わが校の教頭先生が当時の学校対応の模様を校内文集に記録していたのを読んだからである。

加えて北方領土周辺での日本漁船の拿捕や銃撃などはソ連崩壊後も続発した。また北海道西部の日本海で、放射性廃棄物を野放図に海洋投棄するロシア軍の杜撰さを北海道新聞が連日報道していたこともあった。ソ連・ロシアによる我が方への脅威は明らかであり、こうした反ソ・反ロ感情の苗床をみるになるほどとうなずく部分はある。

一方、対談内でも触れたとおり、私を含めて比較的若い世代にはソ連末期の物資欠乏による生活苦や、コンスタンチン君事件の記憶が鮮明であるし、そもそも北方領土問題については2島先行返還論にも妥協する姿勢が増え、世代間における対ソ・対ロ感情は一概に良し・悪しとは言えない。

ソ連崩壊から30年以上が過ぎ、ソ連という言葉すらその身体感覚にない、私未満の若い世代（20代、30代）が増えた。今改めて考えるに、「日本が極東においてアメリカ以外のパートナーを求めたなら、それは外務省の力学によって潰される」という戦後レジームの「暗黙の宿痾」が佐藤先生を襲ったのである。

冷戦崩壊後、トランプ大統領が誕生してもなお対米従属を露骨にする日本において、佐藤先生の言は正に慧眼であった。くだんの事件は間違いなく国策捜査であり、国権の間違った濫用である。して我が国政府は、当時と政権が変わったとはいえ、その誤った国策の反省については有用な総括をしないまま、遮二無二対米追従に突き進んでいる。

話を戻すと、そんな偉大なる佐藤先生との対談相手が私で良いのか、という杞憂・心配はすぐに消し飛んだ。佐藤先生は、私からするともちろん良い意味で「超」のつくオタクである。当世流行しているアニメ、漫画、映画などのカルチャーに誰よりも造詣が深く、同時に軍事オタクでもある。例えば『鬼滅の刃』ブームについて、同作は「毒にも薬にもならぬ」という評価について一致したのは本当に爽快であったし、真鍋昌平氏の漫画『闇金ウシジマくん』を高く評価し、その連載終了後の次作である『九条の大罪』については、佐藤先生は推薦文までお書きになっている。

私はこれまで、保守界隈の古老と永く仕事をしてきた。相手方が20歳、30歳年上というのは当たり前であった。彼らのカルチャー感度は〝よくて〟『猿飛佐助』で停止しているのだから、お話にならない。そんな人々とカルチャーを語っても、「『ＯＮＥ ＰＩＥＣＥ』は和の精神の反映である」という意味不明の結論に行きつくのがオチであった。仮に『ＯＮＥ ＰＩＥＣＥ』が日本精神とするなら、日本人は皆、海上自衛隊や海上保安庁と対決する反社・反グレの輩にならないといけない。こういう話に作り笑いを浮かべて付き合うと、とたんに疲弊して翌日の士気にかかわるのだが、佐藤先生は「本物」であるから、虚心坦懐にカルチャーの話で盛り上がった。本当に楽しい対談の日々であった。

その言論人の真贋は、その人が専門とする、例えば政治や経済や国際情勢などと直接の関連がない「周辺・周縁」で、いかに教養があるのかで決まるのではないか。例えば自称経済評論家はなるほど日経平均や為替相場や長期金利の推移については詳しい。が、それ以外については素人である。

彼らは例えば『クレヨンしんちゃん』は子ども向けの低俗アニメだ、などと平然と言ってのける。しかし、『嵐を呼ぶモーレツ！オトナ帝国の逆襲』（原恵一監督、2001年）以降の同作が、玄人の映画批評家から大絶賛されているという歴史を知らない。要するに、「見ない、読まない、当たらない」なのである。知的怠惰のまま、平然と「評論家」と称してふんぞり返っている者の実に多いことか。

極言すれば、これはつまりAFOの所作なのであるが、こういう自称○○評論家が世に闊歩しているさなか、佐藤先生は本物なのでこのようなごまかしは一切通じない。巷に流通するこれら自称「識者・コメンテーター」の多くは、生身の佐藤先生と相対すると、自身の軽薄さがたちまち露呈するであろう。

「○○大学特任准教授」などという肩書が仮にあっても、その中身のなさは佐藤先生の前でたちまち裸体にされる。彼らの多くは一時期メディアで脚光を浴びるが、スキャンダル等で即時に失脚して消える。なぜか。繰り返すように中身が何もなく、一方自己顕示欲だけは旺盛であり、基礎的な知性や教養が備わっていないからだ。こういう連中のことを、とりわけテレビ業界の少なくない部分は大好きである。なぜなら……ｒｙ、おっとここは別の機会に譲ろう。このようなことを踏まえて、佐藤先生と対談するということは、すなわち「私の知性やこれまでの人生が裸にされることと同義だ」――。そういう緊張感が常に存在した。

私と佐藤先生との邂逅は、本書対談打診のもっと前であった。私が２０１８年に上梓した長編小説『愛国奴』（駒草出版）を佐藤先生に献本したところ、大変評価してくださり、この小説が改題して２０１９年に『愛国商売』（小学館文庫）になったときにはその帯文と、文庫版解説まで書いてくだすったことに遡る。この経緯にあっては、当時担当編集だった小学館の柏原航輔氏による緻密なる編集者スキルの賜物であったと言えよう。このようにして私と佐藤先生は、本書対談の以前から地下茎的な縁ができていたのである。

ちなみにこの『愛国商売』という小説は、私にとって初の商業長編小説であり、と同時に私の作家人生における、すべてのスキルと技巧と工夫を詰め込んだものであった。正に総力戦で執筆に臨んだのである。これまで評論やエッセイにとどまっていた者が、「初の小説」にチャレンジするという事例は少なくはない。が、それゆえに「この人の本業は小説家ではないのだから、この程度の出来か」という評価を受けてはならない。そういう緊張が常にあった。

よってこの作品を「真に面白い」と評価してくださった佐藤先生には、本当に感謝の念と、素直な喜びの感情がある。我が作家人生でもこの作品は「最高傑作（のひとつ）」と自負しており、やはり私とて人の子であるから、難産の珠子を褒めてくだすった佐藤先生には、世俗的社交を超越した情念が産まれよう。

さて冒頭でも短く触れたように、私が佐藤先生と対談していた間の大事変と言えば、とりわけロシアによるウクライナ侵攻であった。むろんロシアによるウクライナ侵攻はいかなる理由があっても許されない力の行使であることは論をまたない。

が、一方で我が国マスメディアの多くは欧米メディアからの情報配信を待つばかりで、独自の現地視点を持つに乏しいという構造的問題を露呈する結果にもなった。独自の現地視点とは、現にロシアの侵攻や占領に遭っているウクライナ在地の人々の声を伝える――、という要素もあるが、もっと言えば加害者側、つまりロシア側の視点での情報発信やその分析・解説である。

繰り返し言うが、私はロシアによるウクライナ侵攻は非難される以外にないと思っている。どんな理屈があれそれは正当化できない。しかし、では加害者の視点を欠落させて、それを無視したままこの大戦争の真実をひもとくことができるのかといえば、否と言えるのではないか。

遡れば満州事変にあっても、盧溝橋事件にあっても、真珠湾奇襲にあっても、それは確かに純然たる我が国策の過ちであり、野蛮な侵略行為である。しかしその背景にある、大日本帝国の構造的宿痾にまで視点を広げなければ、あの戦争の悲劇を本当に検証し、反省することにつながるだろうか。そして過ちを二度と繰り返さないとする国民意識の醸成にあって、十分な苗床になるだろうか。私は否と考える。

人の世は、常に灰色である。それは「被害者（被侵略側）にも、付け込まれる隙はあったのだ」

という単純な感情論に帰結するのではない。そんなものは当然、加害者が悪いに決まっている。しかし私たち日本人民は少なくともウ・露戦争においては、局外中立である。岸田政権はロシアの侵略行為について国連決議で指弾した。その延長でウクライナ支援について西側とおおいに協調していると報道されがちだが、現実的な日本のウクライナ支援は、非軍事分野でのごく軽微な範囲にとどまっており、平和憲法の範疇をまったく越えていない「微温」の範囲である。要するに私たち日本は、ウクライナ戦争については完全に中立国なのである。

そのような事実を踏まえて、北方領土問題を抱える日本がロシアとどう付き合っていくかという問いは、対米追従一本槍の日本外交への運命的な問い直しでもあるし、日本人のアイデンティティの根幹にもかかわってくる。言わずもがな、この問題について誰よりも専門家である佐藤先生の言は、爾来日本国１００年の骨格に関係する重要極まりない事実であろう。「知の巨人」たる佐藤優先生の言を受容する私たちが、それをどう実際の政治に反映させることができるかを試されるステージに深化していると言える。

ロシアは幕藩時代から日本にとって脅威と映った。極東におけるロシアの南進は、「文化露寇」（１８０６－07）で明確となり、幕閣に北方警備と海防の重要性を強く印象付けると同時に、「外縁」と認識していた蝦夷を幕府直轄地にする動機を与えた。文化露寇の衝撃は、国境線があいまいなまま「日本型華夷秩序」を維持してきた幕藩体制を揺るがすものとなった。一方で我々はこの時期、大黒屋光太夫らのエカチェリーナ2世への謁見や、幕末のディアナ号遭難についても忘れてはならない。これらの史実は映画『おろしや国酔夢譚』（原作は井上靖／佐藤純彌監督、1992年）、アニメ映画『幕末のスパシーボ』（出崎哲監督、1997年）に詳しい。脅威と友好は共存していたのである。

さすがに明治国家にあっては主に朝鮮や満蒙の利害関係からロシアの脅威はより色濃くなった。明治国家の拡張と、ロシアの南進が衝突するのは、両国民が憎みあっていたからではなく、「遅れてきた帝国主義」国家同士の運命的な不幸であろう。そしてロシア革命がおこると、西ヨーロッパを席巻する共産主義が天皇制の危機と直結した。ソ連・ロシアが我が国積年の仮想敵であったことは歴史の事実と評価して良い。

しかし一方で、近代日本はロシアの文化や思想に大きな影響を受けた。偉大なロシア文学や映画・アニメ・音楽・舞台、そして建築等の荘厳さと繊細さは現在でも日本知識層とその周辺に大きな影響を与え続けた。ひとかどの映画好きなら『戦艦ポチョムキン』（ソ連、

1925年製作）を観ていないものはいない。そして私が大好きなSF映画で言うと例えばタルコフスキーやゲオルギー・ダネリヤらの業績は不滅のものである。

もちろん日本でも最近にわかに人気となっている『チェブラーシカ』（ソ連、1969年〜83年製作）は傑作人形アニメ映画であり、ソビエト体制下でありながら環境破壊を鋭く批判する。なによりも猿なのかリスなのかよく分からないチェブラーシカの愛くるしさは、「ピカチュウ」と同等かそれ以上の可愛さがある。動物の世界に仮託して人間愛を高らかに謳いあげる同作は、アニメ史に残る不滅の金字塔だ。これを言い出すとレフ・アタマノフの『雪の女王』（ソ連、1957年製作）も外せないのだが、紙幅がいくらあっても足りないのでまた別の機会に。

他方、ロシア革命による混乱に乗じて、日本が沿海州周辺を一時占領して現地ロシア人を蹂躙したいわゆる「シベリア出兵」の史実は認知度が低い。大正時代に実行されたこの対外侵略の描写は、せいぜい漫画『はいからさんが通る』（作・大和和紀）が最も著名なエンタメ作品であろう。大正時代では関東大震災・スペインかぜ、そして民権運動、モガ・モボといった風俗ばかりがフォーカスされ、同時代を描く『風立ちぬ』（宮崎駿監督、2013年）ですらも、シベリア出兵のシの字も出てこない。『鬼滅の刃』にも当然ゼロである。大正時代はなぜか対外侵略戦争のない平和な時代という認識が定着している。日本による対ロ加害の史実は欠落していると言ってよい。ソ連はいかにも１９４５年８月８日の対日宣戦布告により満蒙・朝鮮・樺太・千島に侵攻したが、日本は純なる被害者とは言いきれず、お互いに「加害者」「被害者」の側面を等分に持っている。

現在ロシア、特に極東ロシアについての展望は未採掘の天然資源というニュアンスで大きく語られる。このような極東の天然資源の開発にあっては、韓国・中国企業に対し、日本は大きく劣後している。鉱産資源の中東依存からの脱却が日本にとって半ば国是であるから、言わずもがなシベリア開発への参画は日本の将来を左右する。

またこの地域の将来にあっては、日々亢進する地球温暖化によって北極圏の氷床は近くほとんど溶融すると予想されている。すると現在ベーリング海南方を通って北米（米国・カナダ）に向かわねばならぬ輸送船は直接、アラスカ北方を年中通行できるようになり、北米、あるいはバレンツ海を直進することで北欧方面向けにも自動車や機械部品等を一本道で輸出することができ、我が製造業にとっては時間と燃料の節約になり大きな恩恵になる（北極航路）。もちろんこの逆もしかりだ。

このようなメリットを考えても、現在、ロシアとの友好関係は急務だ。「日本が極東においてアメリカ以外のパートナーを求め」ることは、単純な利益の部分で以ても我が国の将来の繁栄を担保するために重要不可欠なものだ。日本は今こそロシア外交について、国民的議論とその友好的な可能性について考えなければならない。

私の所感ではウクライナ戦争はベトナム戦争と同じく、泥沼化・長期化し、ひょっとするとその終結は数十年のスパンで考えなければならないと思う。西欧とロシアの溝は決定的でありかつ不可逆にも思え、その融和は一筋縄ではいかない。しかし我が日本は欧米と協調するが対ロ中立国であるという優位性を生かし、ウクライナ戦争終結後における欧米とロシアの仲介役としての役割を十分に果たせる余地がある。このような来るべき近未来において、佐藤先生の言は最も重要な羅針盤になろう。

1941年、日本とソ連が日ソ中立条約を締結する前夜、日本外相松岡洋右が訪ソしてスターリン首相、モロトフ外相らと会見した。その際スターリンは「私には半分アジア人の血が流れている」として松岡を歓待した。スターリンはゴリ市(現在のジョージア国内)の生まれであり、同地を遡ればフン族の移動(中世前期の民族大移動)、あるいはモンゴル大帝国の西進によって誕生した数々の藩国（チンギス・ハーン没後の）により、満蒙系部族と混血の系譜がある。

つまり中央アジアやコーカサス、東ヨーロッパの国々には、アジアの血脈がたなぎっているのである。むろんスターリンのそれは日本向けのリップサービスであり、スターリンがどれだけ冷酷無比な独裁者であったのかは言うに及ばない。だが、このス首相の言葉は真実である。つまり極論すればロシア人の半分は私たちの同祖であり、半分は私たちの同胞なのだ。日本にとってロシアとは、西洋よりもはるかにアジアに親しいのである。むろん血統に親近を求めるのは科学的ではないが、しかしこのロシアといかに友好関係を築くかが、21世紀中盤以降の我が国外交における最重要課題であると言っても過言ではないであろう。

私たちはこの混迷の時代、佐藤優という知の巨人と同じ時代を生きていることを天が与えた僥倖と思わねばならない。後世の歴史家は必ず、佐藤先生の言の隅々を点検・検証し、都度の個別事象において歴史的文脈のなかで引用するであろう。２００年後の子孫らは必ず、佐藤先生をソクラテスやプラトンと同列に語るであろう。

私はその言説のすべてを是とはしないが、故・渡部昇一氏が言った「歴史とは虹のようなものだ。近すぎるとその全体が分からないが、遠ざかると理解できる」に強く共感する。この渡部氏の言はE・H・カーの影響なのではないかという意見はさておくとして、同時代における賢者の言葉は、当然その時代を生きている人々にとっては「近すぎる」ので、それが慧眼であることを理解できない人もいる。しかし虹を遠くから観測する人々が見事な七色の光彩を目撃するのと同じように、遠くからはそれが明瞭な、揺るぎない輪郭を持って輝く確固の存在であると記憶されるのだ。

私は佐藤優先生と対談本を出すことができて、これ以上の幸福はない。さらに付則的に言えば、佐藤先生は大の愛猫家である。私も猫を三匹飼っているが、この部分でも強い共感を持つに至った。猫を愛する人は、人間をも深く愛するのである。ちなみに、ヒットラーは大の愛犬家であり、対するチャーチルは大の愛猫家であった（詳細は拙著『ヒトラーはなぜ猫が嫌いだったのか』コア新書、を参照のこと）。猫を尊崇する気持ちは何よりも優先される。猫を愛する人はすべて善人である。汝、猫を愛せば、猫必ず汝を愛す。況や人間をや。願わくば我が猫たちと佐藤先生の愛猫との交流があらんことを。

また、対談が4年という長期間にわたったため、本書の最終的な仕上がりは時事通信出版局の高見玲子氏に引き継がれて堂々完成の日を観るに至った。高見氏にも最大限の感謝を送りたいものである。

この対談本がどのように受容されるかは読者諸賢にゆだねられているが、必ずや後世の、それも一世紀、二世紀あとの子孫になにかしらの訓示を与える書になると強く信じて、私の「おわりに」を終えるものである。

2024年6月吉日、千葉県内のラブホテルに独りで泊まりながら

古谷経衡

［著者紹介］

佐藤 優（さとう・まさる）

作家、元外務省主任分析官。

1960年東京都生まれ。埼玉県立浦和高校卒業後、同志社大学神学部に進学。同大学院神学研究科修了。1985年外務省に入省。在英国日本国大使館、在ロシア連邦日本国大使館に勤務した後、本省国際情報局分析第一課主任分析官（課長補佐級）として対ロシア外交の最前線で活躍。

モスクワ大学哲学部客員講師、東京大学教養学部非常勤講師、同志社大学神学部客員教授などを歴任。

近著に『いっきに学び直す 教養としての西洋哲学・思想』（朝日新聞出版）、『イスラエル戦争の嘘』（中公新書ラクレ）、『天才たちのインテリジェンス』（ポプラ新書）など。

古谷 経衡（ふるや・つねひら）

作家、評論家。

一般社団法人令和政治社会問題研究所所長。一般社団法人日本ペンクラブ正会員。

1982年札幌市生まれ。北海道立札幌手稲高校卒業後、立命館大学文学部に進学、同卒業。ネット右翼、イデオロギー問題、政治・社会時事問題、映画・アニメなど幅広く執筆、評論を行う。

初の長編小説『愛国奴』（駒草出版）は文庫化（『愛国商売』小学館文庫）。

近著に『シニア右翼』（中公新書ラクレ）、『敗軍の名将－インパール・沖縄・特攻－』（幻冬舎新書）、『毒親と絶縁する』（集英社新書）、『ヒトラーはなぜ猫が嫌いだったのか』（コア新書）、『日本型リア充の研究』（自由国民社）など。

日本人《にほんじん》の7割《わり》が知《し》らない世界《せかい》のミカタ

2024年9月24日　初版発行

著　者――佐藤 優・古谷 経衡
発行者――花野井 道郎
発行所――株式会社時事通信出版局
発　売――株式会社時事通信社
〒104-8178　東京都中央区銀座5-15-8
電話03(5565)2155　https://bookpub.jiji.com/

校正――溝口 恵子
写真――榊 智朗
デザイン――渡邉 純（株式会社ダイヤモンド・グラフィック社）
DTP・印刷・製本―株式会社ダイヤモンド・グラフィック社
編集――坂本 建一郎　高見 玲子

ISBN978-4-7887-1753-4 C0036 Printed in Japan